Eugen Richter

Die Freiheit

des

Schankgewerbes

Nach dem Original von 1862
herausgegeben von Hansjörg Walther.

Libera Media

2015

Inhalt

Einleitung

Als Eugen Richter Ende 1861 die vorliegende
Schrift fertigstellte, die dann Anfang 1862 erschien,
war er noch nicht der bekannte, ja berühmte Politiker[1], sondern ein kleiner „Regierungs-Referendarius"
in der preußischen Bürokratie. Gerade einmal drei-
undzwanzig Jahre alt hatte er hiermit nach Studium
der Rechts- und Staatswissenschaften in Bonn, Heidelberg und Berlin die unterste Sprosse der Beamten-
laufbahn erklommen. Eigentlich hätte er lieber unab-

---

[1] *Am 30. September 1881 schätzte die in Wien erscheinende
Neue Freie Presse seine Bedeutung mit den Worten ein: „Einen
Volksmann von der Beredsamkeit, dem Reichthume politischen
Wissens, der Energie und Rücksichtslosigkeit und der sich stets
gleich bleibenden geistigen Frische, wie Eugen Richter sie besitzt, hat keine politische Partei in Deutschland und Oester-
reich, vielleicht keine auf dem ganzen Continente aufzuwei-
sen." — Am ehesten könnte der heutige Leser Eugen Richter
aus Heinrich Manns „Der Untertan" kennen, wo er alles ver-
körpert, was Diederich Heßling verabscheut.*

hängig sein wollen und sein Geld dazu als Journalist verdient. Doch seine Eltern — der Vater war Generalarzt bei der preußischen Armee — wünschten sich eine sichere Stellung.

Wie er sich später erinnerte[1], stand seine Tätigkeit im Staatsdienst von vornherein unter keinem guten Stern:

> *„Aber die Schriftstellerei wurde mir nun einmal zum Verderben. So gelüstete es mich denn, nachdem ich einige Monate Regierungsreferendar gewesen, eine Broschüre* [d. i. „Die Freiheit des Schankgewerbes"] *zu schreiben zur Reform der Gewerbepolizei, also über Mißstände in der Polizeiverwaltung, zu der ich doch eigentlich als Regierungsreferendarius selbst gehörte."*

Ob er das aus seiner *„schneeweißen politischen Unschuld"* heraus tat, die er sich im selben Zusammenhang bescheinigte[2], kann man anzweifeln. Plausibler ist es wohl, daß er keine Rücksicht nahm und seine politischen Ansichten offen vertrat, dabei jedoch die disziplinarischen Konsequenzen in Kauf

---

[1] *Vgl. Seite 61 seiner „Jugend-Erinnerungen" aus dem Jahre 1892 (Neuausgabe bei Libera Media), aus denen das einschlägige Kapitel „In Ungnade" im Anhang zu diesem Buch wiedergegeben ist.*

[2] *a. a. O. Seite 63.*

nahm, weil er es sowieso auf keine Karriere in der Bürokratie angelegt hatte. Jedenfalls war das Resultat ein scharfer Verweis und einer Verwarnung zu den Personalakten.[1]

Ganz unerwartet konnte das für Eugen Richter vielleicht nicht sein. Anfang der 1860er Jahre überlappten sich nämlich zwei Phasen: die „Neue Ära" seit 1858 lief aus und der Preußische Verfassungskonflikt verschärfte sich immer mehr. Während die Stimmung der „Neuen Ära" Mut zu Reformvorschlägen machen konnte, kam es im Zuge des Verfassungskonfliktes zu einer erneuten Unterdrückung der Pressefreiheit und zu Maßregelungen von unabhängigen Beamten[2].

Die „Neue Ära" setzte 1858 mit der Regentschaft des Prinzen Wilhelm von Preußen (1797-1888), des späteren Kaiser Wilhelm I., ein. Dessen Bruder, König Friedrich Wilhelm IV. (1795-1861) hatte nach Niederschlagung der Revolution von 1848 eine reaktionäre Politik verfolgt, die dem Land Friedhofsruhe

---

[1] *a. a. O. Seite 69.*

[2] *So wurde etwa Julius Ludwig Otto Möller, Professor der Medizin in Königsberg und Leiter der dortigen Polyklinik, aus seiner Stellung entlassen, weil er es gewagt hatte, bei einer Feier zu Ehren der preußischen Abgeordneten einen Toast auf die oppositionelle Deutsche Fortschrittspartei auszubringen. Vgl. sein Buch: „Actenstücke der wider mich geführten Disciplinaruntersuchung" aus dem Jahre 1864 (Neuauflage bei Libera Media).*

verordnen und die Institutionen der vormärzlichen Zeit restaurieren sollte, aber nur Verbitterung in der Bevölkerung zur Folge hatte.

Nun wurde aus den Äußerungen des Regenten, der die Geschäfte vom invaliden König übernahm, eine gewisse Offenheit für Reformen herausgelesen. Die Minister der Reaktionszeit mußten ihren Hut nehmen, und liberalere folgten ihnen nach. Das politische Leben erwachte im Lande wieder, und es kam zu Aktivitäten in vielen Richtungen; denn daß sich einiges ändern mußte, war allgemein geteilte Meinung.

Eine der Aktivitäten war dabei die Gründung des Kongresses Deutscher Volkswirte im Jahre 1858. In dieser Vereinigung versammelten sich Wissenschaftler, Publizisten und Politiker, oftmals Veteranen von 1848, und machten sich Gedanken darüber, wie man nicht nur in Preußen, sondern in ganz Deutschland zu Reformen gelangen könnte.

Auch der politisch interessierte Eugen Richter nahm an den jährlichen Tagungen teil, die an wechselnden Orten stattfanden, ja hielt sogar einen kleinen Vortrag auf einer von ihnen. Bei diesen Versammlungen machte er die Bekanntschaft einiger der führenden Männer des Kongresses, die sich schon bald im Jahre 1861 als Deutsche Fortschrittspartei formieren sollten. Sein Mentor war dabei insbesondere der Vater des Genossenschaftswesens Hermann Schulze-Delitzsch (1808-1883).

Und da viele der Mitglieder des Kongresses auch dem Preußischen Abgeordnetenhaus angehörten, lag es nahe, mit Gesetzesinitiativen das günstige Klima auszunutzen, und etwa eine der Hauptforderungen des Kongresses voranzutreiben: die Gewerbefreiheit. Preußen hatte nach den Stein-Hardenbergschen Reformen vom Anfang des Jahrhunderts eine in Deutschlang vergleichsweise liberale Wirtschaftspolitik verfolgt mit weitgehender Gewerbefreiheit. Doch war diese schon in der Restaurationszeit vor 1848 wieder beschränkt worden. Und in der Reaktionszeit hatte man es für günstig erachtet, die Erstarrung des politischen Lebens durch eine Erstarrung des wirtschaftlichen Lebens zu ergänzen.

Besonders betroffen davon war das Schankgewerbe. Hierbei spielten auch politische Überlegungen eine Rolle. Indem man die Gast- und Schankwirtschaften an die kurze Leine nahm, konnte man gleichzeitig die Versammlungsfreiheit beschränken. Wirte, die etwa oppositionellen Zusammenkünften ihre Räume zur Verfügung stellten, standen unter der Drohung des Konzessionsentzugs. Auf demselben Wege ließ sich auch die Tendenz der ausgelegten Zeitungen bestimmen und sogar die Beflaggung: statt des revolutionären „Schwarz-Rot-Gold" das reaktionäre „Schwarz-Weiß", die Farben Preußens.

Anfang der 1860er arbeiteten parlamentarische Vertreter des Kongresses Deutscher Volkswirte an Gesetzesinitiativen, um die Gesetzgebung für das Schankgewerbe zu liberalisieren. Und hier wollte Eugen Richter mit seinem Buch „Die Freiheit des Schankgewerbes" einen Beitrag leisten, indem er die Lage analysierte und Vorschläge für Reformen unterbreitete. Aus seiner unmittelbaren Anschauung in den Behörden kannte Eugen Richter die Praxis bei der Erteilung von Konzessionen. Wie er sich später erinnerte[1]:

> „*Ein sorgfältiges Studium aller bei der Regierung vorhandenen General- und Spezialakten über Schankwirtschaftspolizei bis in eine 30 Jahre zurückliegende Zeit hinein hatten mich überzeugt, daß hinter der Prüfung der Bedürfnisfrage stets nur die reine Willkür der Verwaltung steckt. Mir selbst waren in meiner jungen Praxis mehrfach Beschwerdesachen wegen verweigerter Anerkennung des Bedürfnisses einer neuen Schankwirtschaft zur Bearbeitung zugeschrieben worden. Ich hatte sogar, als es sich um ein Lokal in der Nähe des Regierungsgebäudes handelte, sehr eingehende Studien an Ort und Stelle versucht, um über das Vorhandensein eines Bedürfnisses ein Urteil zu gewinnen. Aber es war mir trotz aller Bemühungen nicht gelun-*

---

[1] *a. a. O. Seite 65-66.*

gen und ich weiß auch noch heute nicht, wie es bei der Polizei gemacht wird."

Der Kontext der laufenden Verhandlungen im Abgeordnetenhaus erklärt, wieso Eugen Richter seine Arbeit anlegte, wie er es tat. Im Vordergrund stand die Möglichkeit, durch seinen Beitrag eine Verbesserung mit vorzubereiten. Demgegenüber traten abseitsgelegene Fragen zurück, die Eugen Richter vermutlich unter anderen Umständen durchaus nicht im Sinne des Status Quo beantwortet hätte, aber fürs erste auf sich beruhen ließ. Insofern zeichneten sich seine Vorschläge durch eine große Bereitschaft zu Kompromissen aus, soweit es nicht um zentrale Fragen ging.

Allerdings konnte er sich dennoch nicht enthalten, auch mit einigen spitzen Bemerkungen die Wirtschaft insbesondere des vormaligen Oberpräsidenten der Rheinprovinz, von Kleist-Retzow[1], zu kritisieren, der allerdings um die Zeit, allein schon wegen seiner Differenzen mit dem preußischen König, aus dem Amt beseitigt worden war. Süffisant geißelte Richter das Einschreiten dieses „tanzfeindlichen" Oberpräsidenten" mit den Worten:

---

[1] *Hans Hugo von Kleist-Retzow (1814-1892) war Oberpräsident der Rheinprovinz und konservativer Politiker. Er war einer der Mitgründer der „Neuen Preußischen Zeiting", besser bekannt als „Kreuzzeitung", die das Sprachrohr der Konservativen war.*

„Während die Uckermark noch vierzehnmal im Jahr tanzen durfte, erschien Ende des Jahres 1856 die für die Kulturgeschichte des 19. Jahrhunderts ewig denkwürdige Verordnung der Koblenzer Regierung, welche, „um dem verderblichen Einfluß der öffentlichen Tanzmusiken auf die Sittlichkeit der unteren Volksklasse zu begegnen" festsetzte, daß an Sonn- und Feiertagen überhaupt nicht, sonst aber höchstens an drei Tagen des Jahres, worunter am Königsgeburtstag die Unsitte des Tanzens geduldet werden solle. Wohl keine Maßregel der Reaktion hat in der Rheinprovinz eine größere Erbitterung hervor gerufen, wie diese das Nationalgefühl auf's tiefste kränkende und dem freien Sinn der Rheinländer widerstrebende Verordnung."

Wie schon oben erwähnt, wurde Richter seine Kritik an der gängigen Praxis nicht günstig angerechnet. Nach ähnlichen „Verfehlungen" kam seine Karriere im Staatsdienst schon bald zu einem Ende. Die wieder anziehende Reaktion während des Preußischen Verfassungskonfliktes würde ihm das Leben in einer Behörde ohnehin schwergemacht haben, wenn er nicht seine liberalen Ansicht verleugnet hätte.

Bei dem Verfassungskonflikt ging es darum, daß die Regierung ohne Genehmigung des Parlaments, dessen fast einzige Kompetenz das Budgetbewilligungsrecht war, Gelder für das Militär verausgabte. Hiergegen setzte sich mit zunehmender Unterstützung durch die Bevölkerung vor allem die Deutsche Fortschrittspartei zur Wehr.

Im Jahre 1862 war der preußische König von diesem Widerstand derart entnervt, daß er kurzzeitig daran dachte, zugunsten seines liberalen Sohnes, des späteren Kaiser Friedrich, abzudanken. Dieser schlug die Nachfolge auf dem Thron aber aus, eine Entscheidung von kaum zu unterschätzender historischer Tragweite. Und noch eine Entwicklung des Jahre 1862 sollte sich als von weitreichender Bedeutung erweisen, auch wenn die Zeitgenossen dies zunächst völlig verkannten. Im Herbst berief König Wilhelm von Preußen den wenig bekannten Otto von Bismarck zum Ministerpräsidenten, der entgegen den ersten Einschätzungen bis 1890 an der Macht bleiben sollte.

Eugen Richter wurde nach seinem Ausscheiden aus der Bürokratie von den Bürgern von Neuwied zum Bürgermeister gewählt, aber wegen seiner oppositionellen Ansichten von der Regierung nicht bestätigt. Wieder auf Drängen seiner Eltern, denen eine Tätigkeit als Journalist immer noch zu unsicher vorkam, nahm er als nächstes eine Stellung in einer Versicherungsgesellschaft in Magdeburg an. Doch schließlich schlug er den von ihm schon lange angestrebten Weg ein und zog nach Berlin, von wo er insbesondere über die Parlamentsverhandlungen für verschiedene Zeitungen berichtete.

Da man in der Deutschen Fortschrittspartei auf den rhetorisch begabten jungen Mann aufmerksam geworden war, wurde er 1867 zur Wahl des Konstituierenden Reichstags in dem eigentlich als aussichtslos eingeschätzten Wahlkreis für Nordhausen aufgestellt. Durch seine geschickte Agitation und gegen die Obstruktionen der dortigen Behörden konnte Eugen Richter das Mandat für die Forschrittspartei gewinnen.

In den ersten ordentlichen Reichstag wurde er später im selben Jahre nicht gewählt, dann aber ab 1871 bis fast zu seinem Tod 1906, zumeist für den Wahlkreis Hagen. Als einer der besten Redner des Parlaments und wegen seines Organisationstalents stieg er bis Mitte der 1870er zu einem, später dann dem überragenden Führer der Deutschen Fortschrittspartei auf. Nach deren Fusion 1884 mit der Liberalen Vereinigung zur Deutsch-Freisinnigen Partei gehörte er zur Führungsriege der Partei. Durch seine 1885 begründete „Freisinnige Zeitung" sicherte er zudem seinen Einfluß in der Partei und in der Öffentlichkeit. Nach inneren Querelen zerbrach die Deutsch-Freisinnige Partei schließlich 1893, wobei Eugen Richter den einen Flügel, hauptsächlich bestehend aus den ehemaligen Fortschrittlern, die Freisinnige Volkspartei, anführte.

Da es sich um eine von Eugen Richters frühen Schriften handelt, soll es mit dieser gerafften Abhandlung seines späteren Lebenslauf ein Bewenden haben.

Zur Neuausgabe der Schrift sei noch folgendes bemerkt:

Die originale Veröffentlichung erfolgte im Verlag des Handels- und Gewerbe-Vereins für Rheinland und Westphalen, für welchen Eugen Richter bereits Vorträge zu einschlägigen Themen gehalten hatte.

Die Edition folgt dieser Ausgabe bis in die Orthographie. Fußnoten, die nicht kursiv gesetzt sind, stammen aus dem Original selbst, während kursive vom Herausgeber hinzugefügt wurden. Bei der Kommentierung wurde im Zweifelsfall eher zu viel, als zu wenig erläutert. Auch wurden gewisse Erklärungen wiederholt, um dem Leser unnötiges Blättern zu ersparen. In kleinen Lettern ist zudem die originale Paginierung vermerkt, wobei bei Trennungen zusätzliche Bindestriche nach der Seitenzahl eingefügt wurden.

Und wie schon erwähnt, findet sich im Anhang des Buches zusätzlich noch das Kapitel „In Ungnade" aus Eugen Richters „Jugend-Erinnerungen" von 1892, in dem er die Hintergründe und die Wirkung der vorliegenden Schrift rekapituliert.

Die Freiheit des Schankgewerbes.

Ein Beitrag
zur Reform der preußischen Gewerbe-Polizei,
insbesondere, des Concessionswesens
von
Eugen Richter,
Regierungs-Referendarius.

[3] Während andere Gewerbe in Deutschland mehr und mehr von den Fesseln der Zunft und Polizei befreit werden, hat die reformatorische Bewegung das Schankgewerbe bis jetzt noch nicht ergriffen. Es erscheint dies um so wunderbarer, als außer den Hausirern es wohl kaum Gewerbtreibende giebt, welche gleich lästigen Beschränkungen Seitens der Polizei unterliegen. Nicht nur, daß der Zutritt zum Schankgewerbe von einer Konzession abhängt, deren Ertheilung ebenso schwer wie der Verlust leicht herbeizuführen ist, bestehen auch die mannichfachsten Beschränkungen, was den Umfang der Ausübung des Gewerbes angeht. —

In Preußen ist diese besondere Fürsorge der Polizei für das Schankgewerbe zum Theil von vergangenen irrigen volkswirthschaftlichen Anschauungen huldigenden Jahrhunderten überkommen, zum Theil als Frucht von Bestrebungen anzusehen, die erst in der Neuzeit sich Geltung zu verschaffen gesucht haben. In

1

der vormärzlichen Zeit[1] waren neben der Bevormundungssucht des Polizeiministers von Rochow[2] vorzugsweise die Tendenzen der Mäßigkeitsvereine[3], welche auf der einen Seite eine Erweiterung und Verschärfung des durch die Stein-Hardenberg'sche Gesetzgebung[4] nur theilweise beseitigten Konzessionswesens veranlaßten, auf der anderen Seite bisher

---

[1] *Die Phase vor der Revolution von 1848, die im März ausbrach und einen Einschnitt zwischen der Zeit vorher und nachher herbeiführte. Die Revolution wird häufig auch als "März-Revolution" bezeichnet.*

[2] *Gustav Adolf Rochus von Rochow (1792-1847) war von 1835 bis 1842 königlich preußischer Innenminister (Polizeiminister). Seine wohl bekannteste Äußerung ist die, daß die Bürger sich mit ihrem „beschränkten Untertanenverstand" nicht in politische Entscheidungen der Regierung einmischen sollten. Das brachte ihm den Spitznamen „beschränkter Gustav" ein.*

[3] *Die Mäßigkeitsbewegung, die für völlige Abstinenz von Alkohol warb, ging von England aus. Dort wurde als erste 1833 die Preston Temperance Society von Joseph Livesey begründet.*

[4] *Heinrich Friedrich Karl Reichsfreiherr vom und zum Stein wurde 1757 in Nassau geboren und starb 1831 in Cappenberg in Westfalen. Er war preußischer Wirtschafts- und Finanzminister. Nach den Niederlagen Preußens 1806 gegen Frankreich bei Jena und Auerstedt leitete er zusammen mit Karl August Freiherr von Hardenberg (1750-1822) ein Reformprogramm ein, mit dem die Rückständigkeit des Landes überwunden werden sollte. Wichtige Punkte waren dabei die Abschaffung der Leibeigenschaft, Gewerbefreiheit und innere Freizügigkeit. Als Inspiration dienten dabei Adam Smith und die Umwälzungen in Frankreich.*

unbekannte Beschränkungen des Betriebes, namentlich in Bezug auf die Abhaltung von Tanzlustbarkeiten, hervorriefen. —

Das so gegründete, von den Märzstürmen nicht berührte Bevormundungssystem verstand die nachmärzliche Reaktion[1] trefflich für ihre Partheizwecke auszubeuten, und gelang es ihr durch Beeinflussung der Schankwirthe rasch das politische Leben, soweit es in öffentlichen Lokalen pulsirte, zu ersticken. Nach vollständiger Niederwerfung der Opposition übergab die politische Abtheilung der Polizei das Schankgewerbe zu einer weiteren Kur [4] der Abtheilung für Sittenpolizei. Diese bildete in den folgenden Jahren einen um so wichtigeren Theil der Staatsverwaltung, je mehr die Reaktion sich in dem Wahn befestigte, daß alle von Unten ausgegangenen Revolutionen der Neuzeit Folge einer allgemeinen Entsittlichung[2] der Völker seien, deren weiterem Fortgang mit allen Mitteln entgegengetreten werden müßte. —

Zum Bundesgenossen bei Bekämpfung der Genußsucht und des sogenannten Materialismus warb die Reaktion den Pietismus[3], welcher längst eine äußere

---

[1] Als „Reaktion" wurde die politische Richtung bezeichnet, die zu den Verfahrensweisen der Zeit vor der Revolution zurückkehren wollte. Sie war die maßgebliche Linie in Deutschland von 1850 bis etwa 1858.

[2] Verlust ihrer Moral.

[3] Der Pietismus war eine Reformbewegung im Protestantismus.

Stütze für seine bankerotte Stellung im Volke gesucht hatte. Da die Verbündeten trotz ihrer angeblichen Stärke auf innerlichem Wege etwas auszurichten nicht hoffen konnten, so wetteiferten sie in dem Aussinnen von Polizeimaßregeln, welche einen Hohn auf den gesunden Sinn des Volkes darstellten. Jeder Verwaltungsakt erhielt ein besonders sittlich-religiöses Gepräge, und selbst die Beförderung der Viehzucht wußte ein geschickter Missionär dieser Richtung mit der öffentlichen Moral in Verbindung zu bringen.[1]

Wer weiß, ob man nicht dahin gekommen wäre, wie das Tanzen, so auch das Trinken von Wein, Bier und Branntwein nur an bestimmten Tagen zu gestatten, hätte nicht der Eintritt der Regentschaft[2] dem tollen Treiben ein Ende gemacht? —

Die Pietisten kritisierten die aufklärerischen Tendenzen in der Kirche und außerhalb und setzen dem ihr Ideal einer persönlichen, gefühlsbetonten Frömmigkeit entgegen. Der preußische König Wilhelm IV. (1795-1861) neigte der Richtung zu und sah in ihr ein Mittel, um den Liberalismus zu schwächen, den er als eine Art geistiger Krankheit diagnostizierte.

[1] In der Rheinprovinz wurde einem Orte die Abhaltung von Viehmärkten aus dem Grunde nicht gestattet, weil solche zum Genuß geistiger Getränke Veranlassung gäbe; in die Statuten der Viehversicherungsvereine wurde die Klausel aufgenommen, daß an Sonntagen gefaßte Beschlüsse der Generalversammlung keine Gültigkeit hätten.

[2] *1857 erlitt der preußische König Friedrich Wilhelm IV. mehrere Schlaganfälle, die ihn regierungsunfähig machten. Nachdem die Stellvertretung durch seinen Bruder Wilhelm (den späteren Kai-*

Die Freiheit des Schankgewerbes

So viel indessen auch in der neuen Aera zur Beseitigung einzelner Verwaltungsmißbräuche geschehen ist, so sind wir doch von einem gesicherten Rechtszustand noch weit entfernt, und läßt insbesondere die konsequente Durchführung für richtig erkannter Prinzipien Manches zu wünschen übrig.

Auf dem Gebiet der Schankgewerbepolizei fehlt es nicht nur formell an einem klaren, ministerielle Willkür ausschließenden Gesetze, sondern namentlich auch materiell an einer scharfen Unterscheidung zwischen dem, was Gegenstand des Rechts- und des Sittengesetzes, Aufgabe der Polizei und anderer auf dem Gebiete des sittlichen Lebens berechtigteren Faktoren ist. Der für den Staat erreichbare Zweck wird wiederum durch Mittel [5] verfolgt, welche theils ganz ungeeignet sind, theils außer Verhältniß stehen zu den Rücksichten, welche die Polizei der bürgerlichen Freiheit schuldet.

Aus der Erkenntniß dieser Mißstände ist die nachfolgende Abhandlung entstanden, welche es sich zum Ziel gesetzt hat, die preußische Schankgewerbepolizei

---

ser Wilhelm I.) dreimal verlängert worden war, stimmte der kranke König am 7. Oktober 1858 der Regentschaft des Prinzen zu. Die ersten Amtshandlungen des Regenten setzten sich vom bisherigen reaktionären Regierungsstil durch eine gewisse Liberalität ab, weshalb die Phase ab 1858 als „Neue Ära" bezeichnet wurde.

mit den Anforderungen des Rechtsstaates in Uebereinstimmung zu bringen.

Wenn die Ausführung hinter dem Willen des Verfassers zurückgeblieben ist, so möge dies theoretisch und praktisch befähigtere Männer veranlassen, mit anderweitigen Vorschlägen hervorzutreten.

I.

[6] Die Beschränkungen, welchen das Schankgewerbe in Preußen zur Zeit unterliegt, beziehen sich
einmal auf den Zutritt zu demselben, sodann auf die
Art und Weise seiner Ausübung.

Diejenigen der ersteren Art, mit welchen wir es
zunächst zu thun haben, waren in früheren Zeiten
theils Folge bestehender Zwangs- und Bannrechte[1],
theils Ausfluß eines nutzbaren Kammerregals[2] oder
der Magistraten[3] und Gutsherrschaften zustehenden
niederen Polizeigerichtsbarkeit[4]. An Stelle dieser
Rechtsverhältnisse trat mit der Emanation[5] des Geset-

---

[1] *Bei einem Bannrecht dürfen die Konsumenten eine Leistung
nur von bestimmten Anbietern beziehen. Beispiele sind das
„Mühlenrecht", d. h. die Pflicht Getreide nur in bestimmten
Mühlen mahlen zu dürfen, oder das „Bierrecht", d. h. die Pflicht,
Bier nur von bestimmten Brauereien (meist einer) zu beziehen.*

[2] *Ein (Hoheits-) Recht auf Einkünfte aus der Nutzung von lan-
desherrlichem oder städtischem Eigentum.*

[3] *Der Magistrat ist die Spitze der Verwaltung in einer Stadt.*

[4] *Die niedere Gerichtsbarkeit erstreckte sich auf kleinere Delikte
und wurde in Städten vom Magistrat, auf einem Gut von eigenen Patrimonialrichtern ausgeübt.*

[5] *Wörtlich: Ausfluß, Ausströmen. Hier im Sinne von: Inkraft-
treten.*

zes über die Einführung einer allgemeinen Gewerbesteuer vom 2. Novbr. 1810 ein polizeiliches Konzessionswesen und wurde hierdurch die Ausübung des
Schankgewerbes von dem vorherigen Nachweis der
erforderlichen Eigenschaften abhängig. In Ausführung
dieser Bestimmung verpflichtete das Gesetz über die
polizeilichen Verhältnisse der Gewerbtreibenden v. 7.
September 1811 die Gast- und Schankwirthe bei Lö-
sung des damals für den Betrieb eines jeden Gewerbes
erforderlichen jährlichen Gewerbescheines ein nicht
über vier Wochen altes Zeugniß der örtlichen Polizeibehörde darüber beibringen, daß ihnen die Anstellung
oder Fortsetzung des Gewerbes für das nächste Jahr
gestattet sei. — Die Ausstellung dieses Zeugnisses
blieb gänzlich dem polizeilichen Ermessen überlassen,
war indessen bei der Anlage von neuen Schankstätten
auf dem Lande untersagt, wenn die Polizei sich nicht
von der wirklichen öffentlichen Nützlichkeit einer solchen Anlage überzeugt hatte. Das Ministerialrescript[1]
vom 7. Jan. 1823[2] machte von letzterer Bedingung

---

[1] *Ein Reskript ist wörtlich eine "Rückschrift" oder "Antwort". Es
handelt sich um Regelungen, die von einem Ministerium, zu
einer einzelnen Frage oder in einem einzelnen Fall erlassen werden.*

[2] Sämmtliche in dieser Schrift bezogenen Ministerialrescripte
finden sich, soweit sie in der Zeit vor 1839 ergangen sind, in von
Kamptz Annalen der Preuß. inneren Staatsverwaltung, soweit
sie einer späteren Zeit angehören, in dem Ministerialblatt für
die gesammte innere Verwaltung.

auch die Anlage von Schankwirthschaften in den Städten abhängig, während die Kabinetsordre[1] vom 28. Oktober 1827 die Getränkekleinhandlungen auf dem Lande mit den Schankwirthschaften in Bezug auf Konzessionspflicht gleichgestellt.

[7] Das derart beschaffene Konzessionswesen hatte schon das Ministerialrescript vom 7. Januar 1823 in denjenigen Provinzen des Staates[2] einzuführen versucht, in welchen die altländischen[3] Gewerbegesetze von 1810 und 1811 nicht publicirt[4] worden waren. — In mehreren Provinzen, wie Sachsen[5] und Westphalen,

---

[1] *Unmittelbarer Befehl des Fürsten, hier des preußischen Königs.*

[2] *Preußen war in verschiedene Provinzen gegliedert (etwa die Rheinprovinz, Westfalen, West- und Ostpreußen, usw.), die als obersten Beamten einen Oberpräsidenten hatten, einen Provinziallandtag und bis zu einem gewissen Grade auch eine eigene Gesetzgebung. Die Spitze der Verwaltung war die jeweilige „Regierung". Was heute als „Regierung" von Preußen bezeichnet würde, hieß in der Zeit das „Ministerium" (unter einem Ministerpräsidenten).*

[3] *Die Teile Preußens, die im Gegensatz zu anderen zum Kernbestand gehörten. Den Gegensatz dazu bildeten die neuländischen Gebiete, etwa die Rheinprovinz und Westfalen, die erst später erworben worden waren.*

[4] *Wörtlich: veröffentlicht, im Sinne von: als geltendes Recht bekanntgegeben.*

[5] *Nach dem Sieg über Napoleon annektierte Preußen einen Teil von Sachsen, den es mit den nahegelegenen Gebieten zur Provinz Sachsen mit der Hauptstadt Magdeburg vereinigte (das*

war dies auch geglückt, in der Rheinprovinz dagegen die von der französischen Verwaltung[1] überkommene Gewerbefreiheit auch hinsichtlich des Schankgewerbes bestehen geblieben.

Dies änderte sich mit der Kabinetsordre vom 7. Februar 1835, welche nicht nur die sämmtlichen in den altländischen Provinzen seither ergangenen Bestimmungen zu einem einheitlichen Gesetze zusammenfaßte, sondern auch auf den Umfang der ganzen Monarchie ausdehnte „Zur mehreren[2] Sicherung der Erfolge" erhielt dieses noch jetzt geltende Gesetz einige Ergänzungen durch die Kabinetsordres vom 21. Juni 1844 und vom 16. Juli 1846. Die letztere schloß Fabrikinhaber und Fabrikmeister in dem Umkreise der Fabrik vom Betriebe des Schankgewerbes überhaupt aus[3], während die erstere nicht nur den Kleinhandel

---

Gebiet entspricht in etwa dem heutigen Sachsen-Anhalt).

[1] *Die linksrheinischen Gebiete wurden in den französischen Staat eingegliedert. Andere westliche Staaten Deutschlands wurden unter Druck gesetzt, aus dem Deutschen Reich aus- und in den Rheinbund einzutreten, der unter dem Protektorat des französischen Kaisers stand. In Frankreich galten seit der Revolution Gewerbefreiheit und Freizügigkeit.*

[2] *weiteren, stärkeren.*

[3] *Diese Regelung richtete sich gegen das sogenannte "Truck"-System und folgte darin entsprechenden Gesetzen in England. Unter dem System verstand man, daß Arbeitgeber für ihre Mitarbeiter Läden betrieben. Allerdings ist das für die Mitarbeiter nicht unbedingt von Nachteil, auch wenn die Praktik in der Zeit*

mit Getränken allgemein und die Gastwirthschaften auf dem Lande an das Vorhandensein eines öffentlichen Bedürfnisses knüpfte, sondern auch das Recht der Konzessionsertheilung für das platte Land von den Ortsbehörden auf den Kreislandrath[1] übertrug. —

Seitdem hat sich zwar die gesetzgebende Gewalt mit dem Schankkonzessionswesen nicht mehr beschäftigt, gleichwohl sind im Wege des Ministerialrescripts tief eingreifende Bestimmungen ergangen.

So veranlaßte der Minister des Innern v. Westphalen[2] die Regierungen zur Suspension[3] der im Sinne des Ministers nicht mit der erforderlichen Sorgfalt verfahrenden Unterbehörden von der ihnen gesetzlich zustehenden Befugniß der Konzessionsertheilung zu neuen Schankanlagen.[4]

(und bis heute) als eine Art von Betrug und Ausbeutung gebrandmarkt wurde und wird. Siehe zur Einschätzung aus wirtschaftswissenschaftlicher Sicht etwa: Alex Tabarrok: In Defense of the Company Town, Marginal Revolution, 27. Januar 2015.

[1] *Die Landräte wurden von der preußischen Regierung ernannt, der sie unterstanden. Durch diese Übertragung verlor die Gemeinde eine geregelte Einflußnahme.*

[2] *Ferdinand Otto Wilhelm Henning von Westphalen (1799-1876) war preußischer Innenminister in der Reaktionsära 1850–1858.*

[3] *Enthebung, Entbindung; die Regierungen sind hier wieder die der Provinzen, nicht die zentrale des preußischen Staates.*

[4] Erklärung des Ministerialkommissar. Stenogr. Verhdlg. des Abgeordnetenhauses 1859, S. 167.

Durch Rescript des Ministers Grafen v. Schwerin[1] vom 14. September 1859 wurde diese Maßregel als „in Bezug auf [8] den Wortlaut des Gesetzes in formeller Beziehung erheblichen Zweifeln unterliegend" wieder rückgängig gemacht, indessen unter dem 26. Aug. 1861 von demselben Minister eine zwar dem Inhalt nach liberale, in Bezug auf den Wortlaut des Gesetzes jedoch gleich zweifelhafte Instruktion erlassen. Während nämlich das Gesetz Kleinhandlungen mit geistigen Getränken ohne Unterschied der Konzessionspflicht unterwirft, gestattet jene Kaufleuten auch ohne Konzession Wein, Rum, Arrak[2] und dergleichen geistige Getränke, mit Ausschluß jedoch des Branntweins, zu verkaufen. Um dem Branntwein gegenüber den Ausschank von Wein und Bier zu befördern, empfiehlt die erwähnte Instruktion den Behörden ferner nur zum Ausschank der letzteren Getränke berechtigende Konzessionen zu ertheilen. — Die desfallsige[3] Befugniß dürfte aber um deswillen nicht begründet sein, weil das Gesetz von beschränkten Konzessionen nicht spricht und die Konzessions-

---

[1] *Maximilian von Schwerin-Putzar (1804–1872), Mitglied der Frankfurter Nationalversammlung, preußischer Staatsminister, Gegenspieler von Bismarck. Auf ihn geht das Wort „Recht geht vor Macht" zurück.*

[2] *Aus reinem Palmsaft oder Zuckerrohr und Reismaische destillierte Spirituose.*

[3] *in dem betreffenden Fall.*

ertheilung als Ausnahme von der Regel der gewerblichen Freiheit auf die den Konzessionirten günstigste Weise zu geschehen hat. Bei dieser Stellung der Ministerialinstruktion[1] zum Gesetz wird man es einem folgenden über die Wirkung von Wein, Bier und Branntwein anders denkenden Minister des Innern nicht verargen können, wenn er sich auf den Wortlaut des Gesetzes berufend wiederum andere Bestimmungen erläßt. —

Mehr noch wie formell erscheint aber materiell[2] ein neues Gesetz über das Schankkonzessionswesen erforderlich. Es ist dies bei Gelegenheit der Berathung einer Reform des Konzessionswesens in dem Hause der Abgeordneten[3] am 10. April 1861 nicht nur von Abgeordneten vielfach betont, sondern auch von dem Minister des Innern selbst zugegeben worden. Dem entsprechend hat der Letztere denn auch am Schlusse seiner bereits erwähnten unter dem 26. August d. J.[4]

---

[1] *Anweisung eines Ministeriums.*

[2] *dem Inhalt nach.*

[3] *In Preußen gab es ein Zweikammersystem mit einem Herrenhaus aus ernannten Vertretern und einem Abgeordnetenhaus, das auf der Basis des Klassenwahlrechts (die Mitglieder der drei Steuerklassen entsenden jeweils gleich viele Abgeordnete), öffentlich und indirekt durch Wahlmänner gewählt wurde.*

[4] *Abkürzung für: "des Jahres", d. h. des bereits vorher erwähnten oder des laufenden Jahres.*

erlassenen Instruktion an die Behörden die bestimmte Frage gestellt, „ob die Schankgesetzgebung in ihren Grundlagen und ihren Einzelnheiten sich als nützlich und nothwendig bewährt habe, welche Vorschriften derselben einer Aenderung bedürfen oder eine solche zulassen und welche andere Bestimmungen an deren Stelle zu setzen sein würden?"

Wir müssen hierbei bemerken, daß schon in dem von den Abgeordneten Veit[1] und Reichenheim[2] ausgearbeiteten, dem Landtag in den beiden letzten Jahren, vorgelegten Entwurf zu [9] einem Gewerbegesetz auch das Schankgewerbe betreffende Reformvorschläge enthalten sind. Um nun den Werth dieser beurtheilen wie die Frage des Ministers beantworten zu können, müssen wir auf die einzelnen Bedingungen, an welche bisher die Ertheilung einer Schankkonzession geknüpft war, näher eingehen. Diese Bedingungen sind, wie schon oben erwähnt, verschieden, je nachdem es sich um die Anlage einer bloßen Schankwirthschaft oder einer Gastwirthschaft[3] handelt. Wäh-

---

[1] *Moritz Veit (1808-1864) war ein deutscher Autor, Verleger und Politiker. Er war Vorsitzender des Börsenvereins der Deutschen Buchhändler, Mitglied der Frankfurter Nationalversammlung, Berliner Stadtverordneter sowie als Altliberaler preußischer Abgeordneter.*

[2] *Leonor Reichenheim (1814-1868) war ein Unternehmer und Mitglied des preußischen Abgeordnetenhauses sowie später als Nationalliberaler des Reichstags des Norddeutschen Bundes.*

[3] *Die Unterscheidung soll Lokale abgrenzen, die nur Getränke*

rend es nämlich bei Ertheilung der Konzession zur letzteren nur auf Geeignetheit des Lokals und persönlicher Qualifikation des Wirthes ankommt, wird die Konzession für Schankwirthschaft auch durch die Ueberzeugung der Behörde von der Nützlichkeit und dem Bedürfniß der Anlage bedingt. In Ortschaften der vierten Gewerbesteuerabtheilung (mit weniger als 1500 Einw.) unterliegen indessen die Gastwirthschaften derselben Beschränkung wie die bloßen Schankwirthschaften.

Diese Unterscheidung hängt mit der Annahme zusammen, daß das zur Anlage einer Gastwirthschaft an größeren Orten erforderliche Kapital schon an und für sich die Zahl der Anlagen beschränke, wogegen die mit Wenigem einzurichtenden Schankwirthschaften das Bestreben hätten, sich in einer das Bedürfniß überschreitenden und die Völlerei[1] begünstigenden Weise zu vermehren. Warum sollen nun aber die Schankwirthschaften eine Ausnahme von dem allgemeinen volkswirthschaftlichen Grundsatze bilden, wonach nicht das Angebot die Nachfrage, sondern die durch das Bedürfniß begrenzte Nachfrage das Angebot bedingt? „Weil", antwortet uns das Rescript des Ministers von Rochow vom 23. Februar 1839, „sich

---

ausschenken, und solche, die zusätzlich die Gäste beherbergen.

[1] *Völlerei ist hier im umfassenden Sinne von übermäßigem Konsum von etwas gemeint, nicht allein von Speisen.*

seit langer Zeit eine entschiedene Neigung solcher Personen, welche zu einer produktiven Beschäftigung keine Lust haben, herausgestellt hat, mit dem bei nicht geregelter Beschäftigung etwa noch erübrigten[1] Vermögen das Schankgewerbe zu beginnen."[2] — Durch den Zutritt [10] dieser Personen soll eine Ueberbesetzung des Gewerbes und damit ein Mißverhältniß zwischen Angebot und Nachfrage entstehen. Wir wollen das Vorhandensein einer solchen Tendenz im Allgemeinen nicht bestreiten, glauben indeß, daß dieselbe statt Ursache lediglich Folge der bisherigen Gesetzgebung ist. — Gerade die Rechtlosigkeit,[3] in welcher sich

---

[1] *zurückgelegten, angesparten.*

[2] „Damit nicht junge, kräftige Männer das Schankgewerbe ergreifen, um ihrer Faulheit zu fröhnen und sich jeder Arbeit für ihre Familie und den Staat selbst zu entziehen," hatte die Regierung zu Stettin bereits unter dem 22. März 1819 in einem Publikandum (Kamptz Annalen 1, 235) den Grundsatz ausgesprochen, „daß nur alte (!) verständige und sittliche Männer, denen alle anderen Mittel zur Subsistenz ermangeln, zu Gewerbscheinen für das Schankwesen in Vorschlag gebracht würden."

[3] „Uebrigens thut man nicht gut, diejenigen, welche in irgend einer Weise für sich und die Ihrigen eine Existenz zu gründen suchen, so hinzusetzen, wie den Vogel auf den Zweig, denn unbestreitbar wird nur derjenige, der einen hohen Grad von Leichtsinn besitzt, ein sogenannter Schwindler, sich herbeilassen, unter den fraglichen Bedingungen eine Konzession auf eine Gast- und Schankwirthschaft zu nehmen." Rede des Abgeordneten Karl von Sigmaringen im Hause der Abgeordneten am 25. April 1856 (Stenogr. Ber. Seite 238) gegen die Uebertragung der preußischen Schankgesetzgebung auf die Hohenzollerschen

zur Zeit die Schankwirthe der Polizei gegenüber befinden, wie wir dies unten noch näher darthun werden, hält tüchtige Geschäftsleute, die nicht gern das Schicksal ihrer Person und ihres Vermögens» dem Zufall preisgeben wollen, von dem Ergreifen dieses Gewerbes fern, während Leute, welche nichts zu verlieren haben, und in einem der freien Konkurrenz unterworfenen Gewerbe ihr Fortkommen nicht mehr finden, durch das Monopol[1] angezogen werden.

Da der Betrieb des Schankgewerbes nicht minder wie andere Gewerbe Fleiß, Emsigkeit und Ordnung verlangt, so werden sich, wenn dasselbe erst rechtlich gesichert und auf den Boden der freien Konkurrenz gestellt ist, Müßiggänger und Faullenzer nur ausnahmsweise ihm zuwenden; wenn diese nach kurzem Bestehen wieder untergehen, so tragen sie alsdann allein die Schuld, während jetzt die Behörde für den Banquerott solcher Leute, welche durch Konzessionsertheilung in ihrer Selbsttäuschung wesentlich verstärkt werden, moralisch mitverantwortlich ist. — Man hat früher aus den oben angeführten Gründen auch die Konzessionspflicht des Kramgewerbes[2]

Lande.

[1] *Gedacht ist hier wohl eher an kleine Orte, in denen es nur eine Wirtschaft gibt. In der Zeit wird der Begriff Monopol auch weiter verwendet, sodaß eta auch Kartelle oder andere Arrangements gemeint sein können, die Konkurrenz ausschließen.*

[2] *Kleinhandel.*

vertheidigt; die Erfahrung hat in Bezug auf dasselbe das Ueberflüssige jeder derartigen Bevormundung dargethan, und denkt heutzutage Niemand mehr daran, der Polizei die Prüfung des öffentlichen Bedürfnisses bei der Anlage eines Kramladens zuzuweisen. —

Man wird unserer Deduktion[1] entgegenhalten, daß die Zahl der Schankanlagen nicht nur des Leichtsinns der Schankwirthe wegen be-[11]-schränkt werde, sondern wesentlich auch aus dem Grunde, damit nicht der Völlerei, dem übermäßigen Genuß geistiger Getränke Seitens des Publikums Vorschub geleistet werde. —

Wir hätten demnach zu untersuchen, ob und inwieweit die Zahl der Schankanlagen mit der letzteren in Beziehung steht. — Ein übermäßiger Genuß geistiger Getränke kann entweder im eigenen Wohnhause oder im Schanklokal stattfinden. Auf den häuslichen Consum ist die Zahl der Schankwirthschaften von keinerlei Einfluß, denn liegt die nächste Bezugsquelle vom Wohnhause etwas entfernt, so gleicht man die Entfernung durch Anschaffung eines größeren Vorrathes wieder aus. Es ist aber ein alter Erfahrungssatz der Hausfrauen, daß je größer der häusliche Vorrath, um so stärker auch der Verbrauch sich stellt. — Was nun den im Wirthshaus selbst herbeigeführten übermäßigen Genuß geistiger Getränke angeht, so ist derselbe entweder Folge eines zu intensiven Wirthshaus-

---

[1] *Herleitung, Ableitung.*

besuches durch zu lange andauernden Aufenthalt in demselben oder er entspringt aus einem im Laufe des Tages zu oft wiederholten Besuch.

Die Völlerei der ersten Art ist offenbar die schlimmere. Gerade diese wird aber durch die beschränkte Zahl von Schankwirthschaften wesentlich bestärkt. Je geringer nämlich die Zahl von Wirthshäusern, um so größer die Frequenz jedes einzelnen. Offenbar aber gerade ist es die Frequenz, die Erwartung, stets Gesellschaft beim Glase zu finden, welche zum Wirthshausbesuch am meisten anregt und denselben bald als ein dringendes Bedürfniß erscheinen läßt. — Die einmal Gewöhnten vermag aber die Beschränkung der vorhandenen Wirthschaften nicht zu entwöhnen. Gar bald wird ein anderes Stammquartier ausfindig gemacht, von dem der weitere Weg nicht abschreckt, sondern Veranlassung zu längerem Aufenthalt gibt. —

Den Trinkern von Profession gegenüber stehen die Gelegenheitstrinker, bei welchen ein Uebermaß mehr durch Fahrlässigkeit, wie durch Vorsatz und Ueberlegung bewirkt wird.

Wie die Gelegenheit Diebe macht, so soll bei diesen Leuten der Anblick eines Wirthshause Durst erregen.[1]

---

[1] Eine originelle hierauf basirende Polizeiverordnung wurde 1856 zu Elberfeld folgenden Inhalts erlassen:

„Die Erfahrung hat gelehrt, daß die in den Hausfluren der Schenkwirthe aufgestellten Theken und Reale mit Schnapsfla-

[12] Ob dies theoretisch richtig ist, wollen wir dahingestellt sein lassen; jedenfalls wirkt unsere Schankgesetzgebung, da sie den concessionirten Wirthschaften nicht verbietet, verlockende Schilder auszuhängen, der Verführung zum Genuß geistiger Getränke nicht im Mindesten entgegen. Die Zahl der Wirthshausschilder muß schon deshalb ohne Einfluss sein, weil sämmtliche Schankwirthschaften sowohl die nach amtlichem Gutachten nothwendigen, wie die überflüssigen das Bestreben haben, sich dort festzusetzen, wo der größte Verkehr herrscht, die Gelegenheitstrinker sonach am häufigsten in Versuchung gerathen. Liest man die von Behörden auf Konzessionsgesuche ertheilten abschlägigen Bescheide, so wird man unter zwanzig Fällen neunzehnmal die Konzession aus dem Grunde verweigert finden, weil in der unmittelbaren Nähe des vom Gesuchsteller zur Schankwirthschaft auserlesenen Locals sich bereits so und soviel Schankwirthschaften befanden. Offenbar ist dies Motiv, dessen logischen

---

schen und Gläsern nur schädliche Anlockungsmittel bilden, die um so nachtheiliger werden, als die Hausthüren offen gehalten werden.

Sämmtliche Schenkwirthe werden deßhalb hierdurch angewiesen, bei einer Exekutivstrafe von 5 Thalern ihre Theken und Reale binnen 8 Tagen von den Hausfluren, wohin sie durchaus nicht gehören, zu entfernen, gleichzeitig auch bei ebensolcher Strafe Einrichtung zu treffen, daß die von der Straße zu den Wirthschaften führenden Hausthüren nicht mehr offen stehen, sondern stets, wenn sie geöffnet werden, von selbst wieder ins Schloß fallen."

Werth wir im Uebrigen dahingestellt sein lassen wollen, nicht aus der Befürchtung der Behörde, durch neue Anlagen den Gelegenheitstrunk zu befördern, hervorgegangen, da es in dieser Beziehung vollständig gleichgültig erscheinen muß, ob an einer frequenten[1] Straße sich fünf oder sechs, an einer Chausseebarriere[2] sich zwei oder drei Schankwirthschaften befinden. Gäbe man sich die Mühe, auf der Karte eines beliebigen Verwaltungsbezirks die Stelle, wo zur Zeit Schankwirthschaften concessionirt sind, roth zu bezeichnen, so würde man finden, daß sich die einzelnen Bannkreise[3] so sehr durchschneiden, daß weder die Aufhebung vorhandener Schankwirthschaften die Verführung zum Gelegenheitstrunk mindern noch die Anlage neuer Wirthshäuser dieselbe zu vermehren im Stande ist. —

[13] Wie sehr die Nachtheile, welche man aus der unbeschränkten Anlage von Schankwirthschaften für die öffentliche Sittlichkeit folgern zu müssen glaubt, auf Einbildung beruhen, beweist historisch am deutlichsten die Rheinprovinz, in welcher von 1809 bis

---

[1] *belebten.*

[2] *Eine Chaussee ist eine gut ausgebaute Landstraße, für deren Benutzung je nachdem ein Chausseegeld zu entrichten ist. Das geschieht an einer „Barriere".*

[3] *Die Bereiche, für die Bannrechte gelten (zwangsweiser Bezug von Leistungen bei bestimmten Produzenten).*

1835 das Schankgewerbe die unumschränkteste Freiheit genossen hat. Während dieser Zeit ist es den östlichen Provinzen des Staates trotz ihrer strengen Gewerbepolizei nicht gelungen, den großen Vorsprung, welchen die Rheinprovinz gerade in Bezug auf öffentliche Moral besitzt, irgendwie zu verkürzen. — Stände das Maß der Völlerei mit der Zahl der Schankwirthschaften in irgendwelchem Kausalnexus[1], so müßte derselbe jedenfalls bei dem von dem Ministerium Westphalen konsequent verfolgten System der Reduktion der vorhandenen Schankstätten hervorgetreten sein. —

Um der laxen Praxis, welche bei den Konzessionsertheilungen seit 1848 eingerissen, vorzubeugen, wurde von dem Minister, den Oberpräsidenten[2] und Regierungen willkürlich eine gewisse Zahl von Einwohnern festgesetzt, für welche. eine Schankwirthschaft Bedürfniß sei.[3] Durch die bereits erwähnte Suspension minder eifriger Unterbehörden, von der Befugniß zur Konzessionsertheilung, Einforderung von Berichten über die gemachten Reduktionen, Ermahnungen, Verweise und dergl. suchte man die Zahl der bestehenden Schankwirthschaften mit der Normalzahl[4] in

---

[1] *ursächlicher Zusammenhang.*

[2] *Oberster Beamter einer Regierung (Verwaltung einer Provinz).*

[3] Stenogr. Verhndlg. Sitz, d. Abgeordh. v. 14. Februar 1859.

[4] *Zahl, die als Norm festgelegt ist, nicht die Zahl, die üblich ist.*

Uebereinstimmung zu bringen und hatte schließlich für den Jahresschluß vollständige Treibjagden auf polizeilich unbequeme Schankwirthschaften organisirt. —

So erzielte man denn in den Jahren 1850 bis 1856 „unter den Thränen der Wittwen und Waisen"[1] eine Verminderung der Schankwirthschaften im Preußischen Staat von 77,905 auf 75,535.

[14] Was war der Erfolg in Bezug auf die öffentliche Moral? Lediglich ein vermehrter Besuch der übrig gebliebenen Schankwirthschaften, in Folge dessen sich der Finanzminister im Winter 1857 veranlaßt sah, bei der Landesvertretung eine Erhöhung der von Schankwirthschaften entrichteten Gewerbesteuer um nicht weniger denn fünfzig Prozent zu beantragen. —

Ausdrücklich heißt es in den Motiven der Regierungsproposition: „daß für die in die Kathegorie der Speise- und Schankwirthe gehörenden Gewerbtreibenden mit der steigenden Wohlhabenheit eines großen Theils der Bevölkerung und des vermehrten Besu-

---

[1] „Man hat zwar von dem Ministertisch hin und wieder das Lob erhalten, auf die Verminderung der Konzessionen gebührend hingewirkt zu haben, aber es ist dies unter Umständen erfolgt, unter denen man ehrlicher Weise des Lobes nicht froh werden kann, denn dieses Lob ist mit den Thränen der Wittwen und Waisen, wenigstens in unserer Gegend, erkauft worden." Rede des Abgeordneten Bürgermeister Contzen von Aachen. Sitzung vom 19. Februar 1859 des Abgeord.-H. Stenogr. Ber. S. 167.

ches öffentlicher Lokale die Gelegenheit zum Verdienst gewachsen sei."

Deutlicher noch sprach sich in der betreffenden Sitzung des Abgeordnetenhauses über die Wirkung der Reduktion der Schankwirthschaften der Abgeordnete Landrath Kaiser aus, indem er die Regierungsvorlage vertheidigend sagte:[1]

„In meinem Kreise waren vor fünf Jahren 260 Schankwirthschaften vorhanden, jetzt sind nur noch 190. In dieser Weise hat die Zahl der einzelnen Wirthschaften abgenommen. Die Zahl der Besucher ist aber dieselbe geblieben, und die Lust, die Schankwirthschaften zu besuchen, ist in immerwährender Steigerung begriffen." (Heiterkeit.)

Der Abgeordnete Generalsteuer-Direktor Kühn nahm von diesem Geständniß Akt[2], indem er bemerkte:

„Wenn dies bewiesen würde, würde sich damit herausstellen, daß der Erfolg der polizeilichen Einwirkung gleich Null sei, daß sie gar nichts geholfen hätte."

Die neue Aera hat die damals zurückgezogene Gewerbesteuernovelle wieder vorgebracht und von

---

[1] Sitzung vom 28. April 1857.

[2] *sich gegen etwas verwahren, widersprechen.*

Die Freiheit des Schankgewerbes

Patow[1] als Finanzminister die von ihm als Abgeordneten bekämpfte[2] Erhöhung des Gewerbesteuersatzes für Schankwirthe der Landesvertretung gegenüber durchgesetzt.

Was die gegenwärtige Praxis hinsichtlich der Konzessions-[15]-ertheilungen angeht, so hat der Minister von Schwerin durch Rescript vom 13. September 1859 die Bestimmung einer Normalzahl von Schankwirthschaften Seitens der Aufsichtsbehörden „als die Befugniß der gesetzlich zur Beurtheilung des Bedürfnisses zunächst berufenen Behörden beeinträchtigend" verboten und ist demnach an Stelle der Westphalenschen Konsequenz wieder die früher übliche, bereits oben erwähnte „laxe Praxis" getreten. Am Besten gekenntzeichnet finden wir dieselbe in folgender Aeußerung des Abgeordneten Senator Burghardt von Greifswalde:[3]

---

[1] *Erasmus Robert Freiherr von Patow (1804-1890) gehörte während der Reaktionszeit und der Neuen Ära zu den führenden altliberalen Politikern in Preußen. Von 1858 bis 1862 war er Finanzminister. Später gehörte er dem Reichstag für die Liberale Reichspartei (Altliberale) an.*

[2] „Ich halte daher eine allgemeine Steuererhöhung (&c. der Schankwirthschaften) wie sie beabsichtigt wird, durchaus nicht für gerechtfertigt." &c. v. Patow in der Sitzung des Abgeordh v. 28. April 1857.

[3] Berathung einer die Schankwirthschaften betreffenden Resolution bei Gelegenheit der Debatte über eine Novelle zur Allg. Gewerbeordnung im Hause der Abgeordneten. Sitzung vom 10.

Eugen Richter

„Meine Erfahrung in Bezug auf die Bedürfnißfrage ist die, daß auch das redlichste Bemühen, ganz im Sinne des Gesetzes diese Frage zur maßgebenden für die Entscheidung zu machen, nur dahin führt, daß man schließlich sagen muß, man verfährt nach einem ganz unbestimmten Ermessen, das von vielerlei beeinflußt ist und am Ende weiter nichts als ein Machtspruch ist car tel est notre bon plaisir[1]. Der Mann bekommt seine Konzession, wenn seine Verhältnisse ihm einen günstigen Schein verleihen; aber von einem eigentlichen Bedürfniß ist gar nicht die Rede."

Wir können dem, soweit unsere Erfahrung reicht[2], nur vollständig beistimmen. Wollte eine Behörde wirklich ermitteln, ob ein öffentliches Bedürfniß für eine neue Schankanlage vorhanden ist, so müßte sie nicht nur quantitativ den Umfang des loyalen Durstes im Verhältniß zu den vorhandenen Befriedigungsmitteln feststellen, sondern auch vorausberechnen, ob die neu zu begründende Schankwirthschaft im Stande ist, qualitativ dem vorhandenen Bedürfniß besser zu entspre-

---

April 1861.

[1] *„Denn das ist unser gnädiger Wille." Seit Franz I. Schlußformel in den Verordnungen der französischen Könige.*

[2] *Eugen Richter war 1861 als Urlaubsvertretung kommissarischer Landrat in Mettmann, wo er die Abläufe aus der Nähe beobachten konnte. (Siehe das 9. Kapitel „Kommissarischer Landrat" in seinen "Jugend-Erinnerungen" von 1892, Neuausgabe bei Libera Media).*

chen. Der Unfähigkeit mit dergleichen incommensurablen[1] Größen zu rechnen, sind sich die Behörden auch wohl bewußt und tragen daher eine gewisse Scheu, ihre desfallsige Bescheide mit Gründen zu versehen. Selbst nachdem der Minister von Schwerin einer alten Vorschrift des Ministers von Schuckmann[2] entgegen, [16] eine ausführliche Motivirung der auf Schankkonzessionsgesuche ertheilten Antworten vorgeschrieben hat,[3] beschränken sich dieselben doch auf die nichtssagende Formel, „daß, weil schon x Schanken am Orte vorhanden, zur Errichtung einer yten ein öffentliches Bedürfniß nicht anerkannt werden könne."

Daß ein solcher Bescheid Jemanden, dessen ganze Lebensstellung in Frage steht, nicht beruhigen kann, liegt auf der Hand, und so wird denn durch alle Verwaltungsinstanzen hindurch, selbst bei dem Hause der Abgeordneten, Rekurs[4] ergriffen. Da indeß je höher hinauf, um so dunkler das die Bedürfnißfrage be-

---

[1] *die sich nicht auf einem gemeinsamen Maßstab bringen lassen, die nicht zusammenpassen.*

[2] Der Minister v. Schuckmann empfahl durch Rescript vom 7. Jan. 1823 den Behörden die Nichtangabe von Gründen, „weil die Bekanntmachung der Gründe der Erfahrung zufolge die meisten Beschwerden zur Folge habe."

[3] Minist.-Res. vom 16. Febr. und 26. August 1861.

[4] *Beschwerde.*

urtheilende Gefühl wird, so beschränkt man sich in den Rekursinstanzen lediglich darauf, dem Bittsteller zu antworten, „daß es aus den schon von der ersten Instanz angegebenen Gründen bei dem Bescheid derselben sein Bewenden behalten müsse." Das ganze Rekursverfahren ist somit ein rein schematisches und wird deshalb thatsächlich nur von Sekretairen und deren Assistenten, welche untereinander berichten und sich bescheiden, geleitet. —

Bei einem solchen Mangel aller Oberaufsicht muß aber das bon plaisir[1] der Unterbehörde, welcher das Gesetz die Entscheidung über die Gewerbsverhältnisse vieler Bürger anheimgiebt, doppelt gefährlich erscheinen.

Das» „unbestimmte Ermessen", von welchem der Abgeordn. Burghardt spricht, kann nur zu leicht in der Weise bestimmt werden, daß es seine Richtschnur von außerordentlichen Verhältnissen entlehnt. Man denke sich die Kollision in der Brust eines ländlichen Bürgermeisters, wenn ein neuer fremder Wirth eine Schankkonzession wünscht, der alte Wirth, bei welchem die Notabeln[2] des Ortes täglich ihren leidlichen Schoppen[3] trinken, seine bedrohte Existenz schildert,

---

[1] *„Denn das ist unser gnädiger Wille (bon plaisir)." Seit Franz I. Schlußformel in den Verordnungen der franz. Könige.*

[2] *die angesehenen Bürger.*

[3] *Ein Volumen zwischen 325 und 700 Millilitern je nach Land.*

die mit schlechtem Bier regalirten[1] Bauern dagegen dringend eine Konkurrenz begehren. Wird hier nicht die Entscheidung zu Gunsten der gemüthlichen Wirthsstubenecke des Bürgermeisters fallen und dem-gemäß auch an den mit den örtlichen Verhältnissen weniger vertrauten Landrath berichtet werden? Weit schlimmer gestaltet sich die Sache, wenn politisches Partheiinteresse, Vetterschaft[2] oder gar persönliche Leidenschaften bei der Konzessionsertheilung ihr Spiel treiben. Mit [17] Rücksicht hierauf schrieb selbst der sonst dem Schankkonzessionswesen nicht abholde Minister v. Schuckmann unter dem 22. April 1831 an die Regierung zu Magdeburg: „Uebrigens aber sind die gesetzlichen Bestimmungen mit allem Glimpf[3] zu handhaben, da der sittenpolizeiliche Nutzen derselben sehr zweifelhaft ist, unbezweifelt aber Eigennutz und Leidenschaft sehr oft Mißbrauch damit treiben."

Unter einen System der Willkür bei Konzessions-ertheilungen leiden aber nicht blos die unmittelbar be-troffenen Gewerbtreibenden, sondern in gleichem Grade das konsumirende Publikum. Wer vermag vor-aus zu beurtheilen, ob nicht der rüstige Kellner, wel-

---

Nach Einführung des metrischen Systems: ein halber Liter.

[1] *Ein Regal ist ein Privileg. Eigentlich hat eher der Brauer als seine Kunden eines.*

[2] *Vetternwirtschaft.*

[3] *Nachsicht, Milde, Schonung.*

cher aus Trinkgeldern und den Ersparnissen seiner Braut aus der Küche eine neue Wirthschaft begründen wollte, aber wegen mangelnden Bedürfnisses zurückgewiesen wurde, sich vielleicht zum gefährlichen Konkurrenten vorhandener Wirthe emporgearbeitet und dieselben genöthigt hätte, bessere Speisen und Getränke zu verabreichen, Wenn heutzutage das Schankgewerbe dem Fortschritt anderer Gewerbe nicht zu folgen vermag, und wir vielfach noch denselben dumpfen, unsauberen, ein schlechtes, ungesundes Getränk bietenden Schankwirrthschaften begegnen, wie vor einem Jahrzehnt, so liegt dies gewiß nicht zum geringsten Theil an dem Mangel der freien Konkurrenz, der durch die Gesetzgebung faktisch bewirkten Monopolisirung des Gewerbes. — Nachtheile derart darf man gerade aus Rücksichten der Sittenpolizei nicht gering anschlagen, da zur Veredlung des innern Menschen sehr wesentlich die Verfeinerung der äußeren Lebensgewohnheit mitwirkt.

Der Minister v. Schwerin hat geglaubt, derartigen Nachtheilen dadurch begegnen zu können, daß er nur zum Ausschank bestimmter Getränke berechtigende Konzessionen einführte und durch die Instruktion vom 26. August 1861 die Behörden anwies, „neue Bier- und Weinstuben nicht blos unbedenklich[1], sondern als Gegengewicht gegen den üblen Einfluß der Branntweinschanken als erwünschte und nützliche An-

---

[1] *ohne Bedenken zu tragen.*

lagen zu erachten, deren Vermehrung nicht hemmend entgegenzutreten sein dürfte."

Einer solchen Unterscheidung zwischen Schankstätten für destillirte geistige Getränke steht indeß, abgesehen von den aus dem bisherigen Gesetz entnommenen, bereits oben erwähnten rechtlichen Bedenken, auch die Volkssitte [18] entgegen, welche namentlich in kleineren Orten beide Getränke in demselben Lokal aufsucht. — In vielen Gegenden herrscht unter einer als nüchtern bekannten Bevölkerung auch der Gebrauch, nach dem Biergenuß noch ein Gläschen Branntwein gleichsam als Schlaftrunk zu konsumiren. Da man sich in dieser Gewohnheit durch die erwähnte Ministerialinstruktion schwerlich wird stören lassen, so muß die Ausführung derselben vielfach zu Kontraventionen[1] und polizeilichen Scherereien Veranlassung geben. Die Erfahrung muß diese Unterscheidung der Schankwirthschaften als „unpraktisch und zwecklos", wie man sie auch früher betrachtet hat,[2] herausstellen und schließlich dahin führen, daß man, um sich der lästigen Verpflichtung zu einer resultatlosen Kontrolle zu entziehen, bei Kozessionsgesuchen, gleichviel, ob sie blos auf den Bier- oder auch auf den Branntweinschank gerichtet sind, ganz, wie bisher, das öffentliche Bedürfniß prüft. Es geht dann mit dieser Unterschei-

---

[1] *Übertretung eines Gesetzes.*

[2] Minist.-Rescr. vom 24. Oktober 1834, 23. Mai 1841.

dung gerade so, wie mit derjenigen, welche das Gesetz zwischen Gastwirthschaft und Schankwirthschaft macht. Da nämlich eine scharf gezogene Grenze zwischen diesen beiden nicht besteht, es auch von der Zukunft des Unternehmens abhängt, ob die Beherbergung von Fremden oder der Ausschank geistiger Getränke vorwiegen wird, so behandelt die Praxis, um Umgehungen des Gesetzes zu vermeiden, Gast- und Schankwirthschaftkonzessionsgesuche in gleicher Weise und fertigt den Gesuchsteller ersterer Art mit der Formel ab, „daß er unter dem Vorwand, eine Gastwirthschaft anzulegen, doch hauptsächlich den Betrieb einer Schankwirthschaft beabsichtige, wozu aber kein öffentliches Bedürfniß vorliege."

Halbe Maßregeln genügen nicht, den gerügten Uebelständen abzuhelfen,[1] vielmehr muß als erste An-

---

[1] Auch der Veit-Reichenheim'sche Entwurf einhält in §. 9. eine durch nichts gerechtfertigte Unterscheidung zwischen Schankwirthschaften auf dem Lande und in der Stadt. Der bezogene Paragraph lautet: „Wer Gast- oder Schankwirthschaft betreiben oder überhaupt geistige Getränke gegen Bezahlung Zum Genuß auf der Stelle verabreichen will, bedarf zum Beginn des Gewerbebetriebes einer besonderen polizeilichen Erlaubniß."

„Die Erlaubniß ist nur dann zu versagen, wenn der Nachsuchende in sittlicher Hinsicht nicht die genügende Bürgschaft gewährt und wenn, sofern es sich um die Anlage einer neuen Schankstätte oder um die Anlage einer Gastwirthschaft in den Ortschaften der vierten Gewerbesteuerabtheilung handelt, die Besorgniß entsteht, daß dadurch der Völlerei Vorschub geleistet werde."

forderung an eine [19] Reform der Schankgewerbepolizei Ertheilung der Konzessionen ohne Rücksicht auf das öffentliche Bedürfniß hingestellt werden. —

Wir kommen nunmehr zur Betrachtung der zweiten Bedingung, von welcher die Ertheilung der Konzession sowohl zu einer Gast- wie einer Schankwirthschaft abhängt. Es ist dies die Geeignetheit des gewählten Lokals zum Wirthschaftsbetriebe.[1] Durch dieses Erforderniß erhält die ertheilte Konzession den Charakter einer nicht nur persönlich, sondern auch dinglich beschränkten Berechtigung und erlischt folgerichtig mit dem Aufgeben des bei der Konzessionierung gewählten Schanklokals.

Dieser Umstand wurde unter dem Ministerium Westphalen vielfach dazu mißbraucht, durch Verweigerung einer neuen Konzession zum Betrieb in einem andern Lokal unter dem Vorwand nicht mehr vorhandenen öffentlichen Bedürfnisses die Zahl der Schankwirthschaften überhaupt zu verringern.

Um sich einer solchen Eventualität nicht auszusetzen, verblieben die Schankwirthe in dem einmal konzessionirten Lokal selbst dann, wenn dasselbe für den inzwischen veränderten Betrieb nicht mehr paßte. Dies gab den Hauseigenthümern Veranlassung zu pe-

---

[1] Der Veit-Reichenheim'sche Entwurf sieht von diesem Erforderniß ohne Angabe von Gründen ab.

riodischer Steigerung des Miethzinses, der sich die Betreffenden ohne Murren unterwerfen mußten.

Zufolge Ministerialrescripts vom 13. September 1859 findet nun zwar die Prüfung der Bedürfnißfrage bei Ertheilung einer lediglich durch den Wechsel des bisherigen Lokals nöthig gewordenen neuen Konzession nicht mehr statt, gleichwohl ist der zum Verlassen seines bisherigen Lokals genöthigte Wirth in einer prekären[1] Lage, wenn das von ihm gemiethete neue Lokal der Polizei aus irgend einem Grunde nicht behagt.

Es fragt sich daher, ob nicht gewisse gesetzlich zu bestimmende Eigenschaften eines Schanklokals sich angeben lassen, bei [20] deren Vorhandensein die Konzession ohne Weiteres ertheilt werden muß. —

Wie aus dem zur Ausführung der Kabinetsordre vom 7. Februar 1835 unter dem 13. August 1835 erlassenen Ministerialrescript hervorgeht, hatte, man durch die Bedingung der Geeignetheit des Lokals beabsichtigt, einmal Schanklokale aus der Nähe von Kirchen, Schulen und ähnlichen Anstalten fernzuhalten, sodann eine Anlage derselben in isolirten, schwer zu beaufsichtigenden Lokalen und eine zu große Anhäufung in einer und derselben Gegend des Ortes zu verhindern.

Prüfen wir diese Rücksichten im Einzelnen, so vermögen wir zunächst nicht einzusehen, warum

---

[1] *unsicher, schwierig.*

Schankwirthschaften in der Nähe von Kirchen vom Uebel sind. Glaubt man etwa, daß dieselben den Gelüsten der Kirchenbesucher zum Genuß geistiger Getränke besonders gefährlich werden würden? Es läßt sich dies nicht annehmen, da die Verführung überall auf dem Wege zur Kirche größere Macht hat, wie Angesichts des Gotteshauses. Wir unsererseits möchten die Anlage von Schankwirthschaften in der Nähe von Kirchen eher begünstigen, damit die aus weiter Ferne zum Gottesdienst sich einfindenden Landleute bei schlechtem Wetter einen Ort haben, wo sie sich erwärmen oder die nassen Kleider trocknen können. Die Befürchtung einer Störung des Gottesdienstes durch den Betrieb der Wirthschaft kann hingegen nicht in Betracht kommen, einmal weil gegen derartige Störungen das Strafgesetzbuch hinlänglich schützt, sodann auch, weil der Erfahrung nach selbst dort, wo der Kirchenthüre gegenüber Schankwirthschaften bestehen, solche Störungen nicht vorzukommen pflegen.[1]

Noch weniger stehen aber solche für den Schulunterricht zu befürchten, wenn Schule und Schankwirthschaft, von denen die erstere ohnehin einen stillen entlegenen, die letztere einen verkehrreichen Ort aufsucht, in einem nachbarlichen Verhältniß sich befinden. Denn, während die Schule hauptsächlich am Tage und zwar nur in der Woche besucht wird, ist die

---

[1] In Düsseldorf liegen fast jeder Kirchenthür gegenüber Schankwirthschaften. —

Frequenz des Wirthshauses gerade am Abend und an Sonn- und Festtagen am lebhaftesten. Von einer Verführung der Schuljugend durch [21] den Anblick des Wirthshausschildes kann aber darum nicht die Rede sein, weil die Schüler aus leicht leicht begreiflichen Gründen, wenn ihnen eine Neigung zum Genuß geistiger Getränke innewohnt, überall lieber, als unter den Augen des Lehrers ihrem Gelüste Befriedigung verschaffen werden. —

Wie man nun ferner eine zu große Anhäufung von Schanklokalen in derselben Gegend des Ortes ebenso fürchtet, wie eine isolirte Lage, vermögen wir nicht zu begreifen. Unserer Ansicht nach wird die polizeiliche Beaufsichtigung durch ersteren Umstand nur erleichtert, durch letzteren dagegen erschwert. Die Nachtheile einer isolirten Lage machen sich namentlich in größeren Städten geltend, wo die in entlegenen, nur von verrufenem Gesindel bewohnten Gassen begründeter Schankwirtirschaften leicht Mittelpunkte der Unsittlichkeit und des Verbrechens werden. Als ein praktisches Gegenmittel hierfür, bei welchen im Uebrigen dem Schankwirth in der Wahl des Lokals freie Hand gelassen werden kann, empfiehlt sich das englische Gesetz, (3 ct 4 Vict. cap. 61), wonach Bierwirthschaften nur in Gebäuden von einem gewissen nach der Größe des Ortes sich abstufenden Miethwerth errichtet werden dürfen. Da der Miethwerth sich nach der Lage eines Hauses bestimmt, so wird der Errichtung von Schankwirthschaften in entlegenen Gäßchen hierdurch auf die einfachste Weise vorgebeugt. — Ein anderes Präventivmittel gegen Winkelschänken[1] liegt schon in dem bisherigen Gewerbesteuergesetz und könnte man bei den schon überaus hohen Mittelsätzen für Schankwirthe kleinere Wirthschaften noch besonders durch einen höheren Minimalsatz fernhalten. —

Es bleiben uns nun noch die Anforderungen zu prüfen übrig, welche bei Ertheilung einer Schankkonzession an die Person des Wirths gestellt werden.

In dieser Beziehung bestimmt die Kabinetsordre vom 7. Februar 1835, daß die Erlaubniß zum Gewerbebetrieb in allen Fällen versagt werden soll, „wenn die Persönlichkeit, die Führung und die Vermögensverhältnisse des Nachsuchenden nach dem Urtheil der Ortspolizeibehörde nicht die genügende Bürgschaft eines ordnungsmäßigen Gewerbebetriebes gewähren." Zeigt sich ein derartiger Mangel nach bereits ertheilter Konzession, so kann dieselbe als unter irriger Voraussetzung ver-[22]-liehen, wieder entzogen werden. Außerdem vermag bei „begründeten Beschwerden" die Polizeibehörde durch Nichtverlängerung des auf ein Jahr lautenden Gewerbescheines eine Erlöschung der Konzession herbeizuführen. —

Wie rechtlos durch diese Bestimmungen der Schankwirth der Polizei gegenüber gestellt und seine

---

[1] *verborgen oder abseits gelegene Schankwirtschaft, auch mit dem Beiklang des Anrüchigen.*

Existenz der Laune des Viertelskommissarius[1] unterworfen ist, beweist die Geschichte des letzten Jahrzehnds zur Genüge. Die Androhung der Konzessionsentziehung wurde in demselben vorzugsweise benutzt, um solche Anordnungen durchzuführen, für welche es an der gesetzlichen Grundlage fehlte und deren Aufrechterhaltung sich Seitens des Polizeirichters[2] nicht erwarten ließ. Ohne Angabe eines verpflichtenden Gesetzes bestimmte die. Polizei nicht nur die äußeren Grenzen des Wirthschaftsbetriebs, sondern traf auch in der formlosesten Weise Anordnungen über die innere Einrichtung; unter Androhung der Konzessionsentziehung erzwang sie hier die Anlage von Trottoirs[3], dort die Abschaffung weiblicher Bedienung, an einem dritten Orte, wo die Straßenbeleuchtung mangelhaft war, die Aufstellung von Laternen über der Thüre des Wirthslokals. Wie sehr die Polizei ihre Macht zur Erreichung politischer Partheizwecke zu gebrauchen verstand, haben wir bereits in der Einleitung angedeutet.

Durch das allgemeine Verbot der Duldung von oppositionellen Versammlungen und liberalen Zeitun-

---

[1] *Polizeibeamter für das Stadtviertel.*

[2] *Ein Polizeirichter ist für geringere Delikte und Übertretungen zuständig. Er gehört der Judikative an. Der Name erinnert aber daran, daß seine Funktion in vormärzlicher Zeit von der Polizei ohne Trennung der Gewalten übernommen wurde.*

[3] *Bürgersteige.*

gen in den Schanklokalen ersparte man sich die Mühe
der jedesmaligen Auflösung derartiger Gesellschaften
sowie der Konfiskation solcher Drucksachen. Nachdem erst wenigen renitenten[1] Wirthen durch Konzessionsentziehung der Brodkorb genommen war, be-
durfte es für die übrigen nur einer leisen Mahnung, um
dieselben zu aktiven Befördern der Partheizwecke des
herrschenden Ministerii[2] zu machen. An Stelle der ver-
schwundenen Oppositionsblätter wurden reaktionaire
Zeitungen oder im Bureau der Polizei[3] redigirte Intel-
ligenzblätter[4] ausgelegt, die bei festlichen Gelegenheiten sonst aufgehißten schwarz-roth-goldenen Flaggen[5]
durch vermehrte schwarzweiße Fahnen[6] ersetzt und
selbst den Wirthshausschildern hier und dort ein pa-

---

[1] *widerspenstig.*

[2] *des Ministeriums im (lateinischen Genitiv).*

[3] *Gewissermaßen die Öffentlichkeitsabteilung der Polizei, die für
die Information der Presse zuständig ist und selbst publiziert,
aber auch auf diese Weise Einfluß nehmen kann und gezielt die
öffentliche Meinung bildet.*

[4] *Amtliches Mitteilungsblatt, in dem Bekanntmachungen zu
Gerichtsterminen, Ausschreibungen, Konkursen, Zwangsverstei-
gerungen sowie Kleinanzeigen enthalten waren. „Intelligenz"
entspricht dem englischen „intelligence" im Sinne von „Nach-
richt".*

[5] *Die Fahne der Revolution von 1848.*

[6] *Die Fahne Preußens.*

triotischer[1] Inhalt gegeben. Man würde den Vorwurf der Inkonsequenz verdient haben, hätte man sich der so abgerichteten Schankwirthe nicht bei den öffentlichen Wahlen[2] bedient, wo dieselbe mit ihrem Hausg- [23]-sinde bei der sonstigen geringen Betheiligung ein nicht zu verachtendes Contingent bildeten. —

Diese flüchtige Skizze der reaktionairen Verwaltung unter Angabe von Ort, Zeit und Personen näher auszuführen, muß einer späteren Zeit, in welcher keine Rücksicht mehr gebietet, die amtlichen Archive verschlossen zu halten, vorbehalten bleiben; der Jetztzeit fällt die praktische Aufgabe anheim, der Wiederkehr ähnlicher Zustände vorzubeugen. In dieser Beziehung ist in der neuen Aera noch so gut wie nichts geschehen, und befinden sich die Schankwirthe, wenn auch die Polizei zur Zeit von ihrer Macht weniger Gebrauch macht, doch rechtlich noch in derselben Abhängigkeit, Wie ehedem. Die einzige, die persönliche Lage der Schankwirthe angehende neuere Bestimmung ist in der Ministerialinstruktion vom 26. August 1861 enthalten, welche die Polizeibehörden anweist, nicht auf bloßen Verdacht hin, sondern nur auf begründete Beschwer-

---

[1] *Patriotisch: bezogen auf das preußische Vaterland, nicht auf Deutschland (was zu der Zeit oppositionell war und je nachdem verfolgt wurde).*

[2] *Die Wahlen zum Preußischen Abgeordnetenhaus sind öffentlich, was gerade in ländlichen Gemeinden Manipulationen und das Ausüben von Druck durch die Behörden möglich macht.*

den, nach vorheriger Vernehmung des Betreffenden, die jährliche Erneuerung des Schankerlaubnißscheins zu verweigern. Damit ist offenbar nichts gewonnen. Was nützt eine Vertheidigung, wo anklagende und richtende Behörde sich in derselben Person vereinigen[1]; worauf kann dieselbe fußen, wenn die Polizei zu bestimmen hat, welcherlei Beschwerden die Nichtverlängerung des Erlaubnißscheins rechtfertigen? Beachtenswerther als die erwähnte Ministerialbestimmung erscheint der Versuch, welcher in dem Veit-Reichenheim'schen Gewerbegesetzentwurf gemacht worden ist, die Schankwirthe in eine gesichertere Lage der Polizei gegenüber zu bringen. Nach den dort enthaltenen Vorschlägen soll zunächst die jährliche Verlängerung des Erlaubnißscheins nicht mehr erforderlich sein. Es bedarf dies kaum einer Begründung, da die Nothwendigkeit der jährlichen Verlängerung des Gewerbescheins nur so lange einen Sinn hatte, als die Gewerbesteuer in der Form einer Patentgebühr[2] erhoben wurde. Sodann sollen bei Ertheilung, wie bei Entziehung der Konzession, nicht, wie bisher, die Vermögensverhältnisse, sondern lediglich die sittliche Führung des Gewerbetreibenden maßgebend sein. Auch dem können wir nur beistimmen. Soweit durch die Rücksicht auf die Vermögensverhältnisse dem Publikum ein Schutz gegen schlecht eingerichtete Wirth-

---

[1] *Die damit also eine rechtsstaatliche Gewaltenteilung verletzen.*

[2] *„Patent" im alten Sinne einer Beglaubigung.*

schaften gegeben werden sollte, ist derselbe bei freier Konkurrenz überflüssig, soweit man den Ge-[24]-werbetreibenden, welcher eine Schankwirthschaft mit unzureichendem Kapital begann, gegen den eigenen Leichtsinn sicher stellen wollte, hat sich die polizeiliche Fürsorge als nutzlos erwiesen. Mancher Schankwirth, der mit großem Vermögen begann, ist alsbald zu Grunde gegangen, während der mit Wenigem das Geschäft unternehmende bald zu Reichthum gelangte und stattliche Häuser erbaute. —

Was nun die an die Moralität des Schankwirths in dem Veit-Reichenheimschen Entwurf gestellten Anforderungen angeht, so entbehrt die Bestimmung, daß die Konzession zu ertheilen sei, „wenn der Betreffende in sittlicher Hinsicht die genügende Bürgschaft leiste," jeder Präcision und öffnet der alten Willkür Thür und Thor. Der pietistische Polizeimann wird sittliche Bürgschaft vielleicht bei demjenigen Schankwirth vermissen, welcher zu einer freien Gemeinde[1] gehört, und ebenso der fanatische Partheigänger bei dem politischen Gegner, während der Anhänger der alten Polizeiwirthschaft[2] in der Fassung des neuen Gesetzes eine

---

[1] *Religionsgemeinschaften, die nicht vom Staat beglaubigt sind, beispielsweise verschiedene protestantische Sekten.*

[2] *Das Wort „Polizei" hat die ältere Bedeutung von staatlichen Maßnahmen, ähnlich wie „policy" im Englischen. Insofern ist hier nicht vordringlich an Polizisten, sondern an zwangsweise Regulierungen zu denken, die natürlich auch durch die Polizei im heutigen Sinne durchgesetzt werden.*

bequeme Handhabe findet, um je nach dem vermeint-
lichen öffentlichen Bedürfniß neuer Schankanlagen die
sittlichen Anforderungen höher oder niedriger zu stellen. Ebenso mehrdeutig, wie hinsichtlich der Konzessionsertheilung, sind die Bestimmungen des erwähnten
Gesetzentwurfs,[1] *) nach welchen die Entziehung der
Konzession statthaben soll. Wenn die Duldung von
„unordentlichem Betragen" Seitens des Wirths hinrei-
chender Grund zu einer solchen ist, so bleibt die Polizei in ihrer bisherigen Macht und kann einem Schankwirth, welchem sie nicht wohl will, schon wegen einfa-
cher Uebertretung der Polizeistunde den Betrieb ein-
stellen. —

Wir glauben, daß in gebührender Weise den Anforderungen der Allgemeinheit in Bezug auf öffentliche Sicherheit, wie dem Anspruch des Einzelnen auf
persönliche Freiheit entsprochen [25] wird, wenn das
Gesetz, abgesehen von Unmündigen und Frauen[2],

---

[1] §. 10. desselben lautet: „Wird die Erlaubniß ertheilt, so
muß dies unter folgenden, in dem Erlaubnißschein auszuspre-
chenden Bedingungen geschehen:

1) daß der Nachsuchende nicht wissentlich Trunkenheit
und anderes unordentliches Betragen in seinem Lokal dulde;

2) daß er darin nicht verbotene Spiele gestatte;

3)) daß er nicht gestatte, daß Personen von notorisch un-
sittlicher Führung in dem Lokal sich versammeln."

[2] *Eugen Richter ist hier sicherlich kein Vorkämpfer der Frauen-
bewegung. Er übernimmt in seinem Vorschlag allerdings auch
nur einfach die gängige Praxis und eröffnet keine Nebendiskus-*

welche durchweg Bürgschaft zu einem ordnungsgemäßen Betriebe nicht gewähren können, den Beginn wie die Fortsetzung einer Gast- und Schankwirthschaft lediglich denjenigen Personen untersagt, die zu einer den dauernden oder zeitigen Verlust[1] der bürgerlichen Ehrenrechte herbeiführenden Strafe rechtskräftig verurtheilt oder innerhalb der letzten fünf Jahre wegen eines Vergehens bestraft worden sind. Hierdurch werden von dem Betrieb des Schankgewerbes nicht nur alle Diebe, Hehler und Kuppler dauernd, sondern auch, so lange es die öffentliche Ruhe und Sicherheit gebietet, die wegen gesetzwidriger politischer Umtriebe Verurtheilten ausgeschlossen.[2]

---

sion. In seinem etwas später erschienenen Ratgeber für Konsumgenossenschaften wirbt er dafür, daß Frauen an deren Geschäften aktiv beteiligt werden sollten.

[1] *befristeter und zeitweiliger Verlust.*

[2] Daß man bei Erlaß der Kabinetsordre vom 7. Februar 1835 durch das Erforderniß einer sittlichen Bürgschaft lediglich die hier erwähnten Kathegorie von dem Schankgewerbe fern halten wollte, geht aus folgendem Passus der zur Ausführung der erwähnten Kabinetsordre erlassenen Ministerialinstruktion vom 16. August 1835 hervor: „Hat der Nachsuchende sich in seinem früheren Leben grober, namentlich solcher Verbrechen schuldig gemacht, welche nach §. 19. der ver. St.-O. die Versagung und den Verlust des Bürgerrechts nach sich ziehen, so ist ihm die Erlaubniß immer zu versagen, auch wenn ihm die Nationalkokarde *[symbolisch: die Bürgerehre]* nicht abgesprochen oder später wieder verliehen ist. Geringere Verbrechen sind nicht als ein unbedingtes Hinderniß zu betrachten, w e n n s e i t A b b ü ß u n g d e r S t r a f e wenigstens 5 Jahre verstrichen und

Die Freiheit des Schankgewerbes

Untersagen wir ferner noch im Anschluß an die anderweitig bestehenden Bestimmungen gegen das Trucksystem den Betrieb des Schankgewerbes Fabrikherren und Fabrikmeistern im Umkreise der Fabrik, sowie den Staats- und Gemeindebeamten[1], so kann selbst das ängstlichste Polizeigemüth unsere Reformvorschläge nicht mehr bedenklich finden.[2]

Da es nach denselben über das Vorhandensein der zum Gewerbebetriebe erforderlichen Eigenschaften eines besonderen polizeilichen Gutachtens nicht bedarf, so wird das unselige Konzessionswesen gänzlich beseitigt und die Thätigkeit der administrativen Polizei lediglich darauf beschränkt, auf die nach Umständen auch gerechtfertigten Dispensationsgesuche von den ge-[26]-setzlich nothwendigen Eigenschaften, mögen sie nun den Miethewerth des Schanklokals oder die Per-

während dieser Zeit überzeugende Proben der Besserung gegeben sind. Vor erlangter Großjährigkeit ist in der Regel Niemand zuzulassen, auch wenn er venium aetatis *[die Volljährigkeitserklärung]* erlangt hat, und ganz besondere Vorsicht ist bei Prüfung der Anträge unverheiratheter Frauenzimmer anzuwenden."

[1] *Um Interessenskonflikte von vornherein auszuschließen.*

[2] *Eugen Richter ist hier sehr kompromißbereit, um die Chancen einer solchen Reform zu verbessern, und nimmt Vorbehalte auf, anstatt Nebendiskussionen zu beginnen.*

son des Schwankwirths betreffen, Bescheid zu ertheilen.[1]

Freilich fällt mit dem Konzessionswesen auch das Strafmittel der administrativen Konzessionsentziehung hinweg, immerhin bleibt aber noch in Gemäßheit des §. 173 der Allgemeinen Gewerbe-Ordnung die Befugniß des Richters bestehen, nach wiederholter rechtskräftiger Verurtheilung wegen Verletzung der den Betrieb des Schankgewerbes betreffenden Vorschriften auf den Verlust der Befugniß zum selbstständigen Betriebe des Gewerbes für immer oder auf Zeit gegen den Schankwirth zu erkennen.

Erscheint die Hinweisung auf diesen rigorosen Paragraphen noch nicht hinreichend, das Grauen der an Bevormundung gewöhnten Polizeimänner vor dem freien Schankgewerbe zu beseitigen; so wollen mir es uns selbst gefallen lassen, daß analog den hinsichtlich der Verleger und Drucker gesetzwidriger Preßerzeugnisse geltenden Bestimmungen des Preßgesetzes für die Schankwirthe die strafrechtliche Verantwortlichkeit bezüglich der im Schanklokal begangenen Unordnungen selbst dann eintritt, wenn bei eigener Unschuld

---

[1] Ein solches Dispensationsgesuch kann beispielsweise gerechtfertigt sein, wenn die Wittwe das von ihrem verstorbenen Mann betriebene Schankgewerbe des Lebensunterhaltes willen fortzusetzen genöthigt ist.

des Wirths der wirkliche Missethäter nicht zur Verantwortung gezogen werden kann.[1] —

Wir zweifeln nicht, daß die Erfahrung und eine größere Geschicklichkeit der executiven Polizeibeamten auch diese einstweilen zu duldenden Schranken als überflüssig erweisen wird. —

Wir haben im Anschluß an diese Erörterung noch zu untersuchen, wie es hinsichtlich der Kleinhandlungen d. h. derjenigen Schankstätten, welche keine Getränke an sitzende Gäste verabreichen und die bisher mit den Schankwirthschaften vom Gesetze gleich behandelt wurden, zu halten ist.

Der Veit-Reichenheimsche Gewerbegesetzentwurf will in Anbetracht der größeren Sittengefährlichkeit solcher Klein-[27]-handlungen dieselben gänzlich verboten wissen,[2] wie dies schon rücksichtlich der

---

[1] *Wie oben schon bemerkt, nimmt Eugen Richter hier Einwände auf, die er selbst vermutlich gar nicht teilt, um die Realisierung seine Vorschläge realistischer zu machen. Es werden ja um die Zeit konkrete Diskussionen geführt, etwa im Abgeordnetenhaus, sodaß es nicht allein um die Durchführung des Prinzips geht.*

[2] §. 11. desselben lautet: „Kleinhandel mit Getränken darf nur von den mit polizeilicher Erlaubniß versehenen Schank- und Gastwirthen betrieben werden."

Branntweinhandlungen während der Reactionszeit[1] im Herrenhause von Senfft-Pilsach beantragt worden ist. — Die Verderblichkeit der Kleinhandlungen wird vielfach damit begründet, daß durch dieselben Klassen von Personen, namentlich Frauen und Kindern, welche die Sitte von dem Wirthshausbesuch ausschließe, Gelegenheit zur Anschaffung geistiger Getränke geboten werde. Wenn die Kleinhandlungen indeß vorzugsweise von Frauen und Kindern besucht werden, so beruht dies auf ganz natürlichen Verhältnissen. Wie Jedermann, so suchen auch Frauen und Kinder Speise und Getränke dort einzukaufen, wo sie dieselben am billigsten und bequemsten erhalten können. Geistige Getränke werden nun aber billiger in Kleinhandlungen eingekauft, weil dort nicht die aus dem Schanklokal erwachsenden Kosten dem Preise zugeschlagen werden, bequemer, weil der Bedarf anderer Lebensmittel die Käufer schon ohnehin herbeiführt. Entzieht das Gesetz dem Publikum diese Vorteile, so verringert es nicht den Consum geistiger Getrmike, sondern nöthigt die Familie, den Hausbedarf im Wirthshaus selbst holen zu lassen. In der That sieht man denn auch dort, wo die polizeiliche Fürsorge die Kleinhandlungen unterdrückt hat, Frauen, Kinder und Dienstboten mit Krügen und Flaschen an der Theke des nächstgelegenen Wirthshauses erscheinen! Ob der hiermit verbundene Aufenthalt im Schanklokal oder an der Thüre

---

[1] *Die Zeit von 1850 bis etwa 1858.*

desselben gerade zur Sittenverfeinerung der erwähnten Personen beiträgt, wollen wir dahingestellt sein lassen. Man hat ferner aus dem Umstande, daß in Kleinhandlungen mit Getränken gewöhnlich auch andere Gegenstände feilgeboten werden, eine Beförderung des Gelegenheitstrunkes hergeleitet, indem man anführte, daß Leute, welche in der Absicht einen unschuldigen Gegenstand zu kaufen, das Lokal besuchten, durch den Anblick des bereitstehenden Kruges veranlaßt würden, Branntwein zu genießen.[1]

[28] Wir können die Richtigkeit dieser Behauptung auf sich beruhen lassen, da die aus derselben gefolgerte Nothwendigkeit einer polizeilichen Kontrolle der Kleinhandlungen an der Möglichkeit der praktischen Ausführung scheitert. Weil nämlich Kleinhandlungen sich mehr der Oeffentlichkeit entziehen, wie Schankwirthschaften, so kann eine Contravention[2] um so viel schwerer entdeckt werden, als es den Händlern nicht verwehrt ist, zum Zwecke des Großhandels (in Ge-

---

[1] „Für Denjenigen, welcher mit Vorbedacht Branntwein trinken will, gibt es ja der Schranken immer genug. Anders ist es mit den Kaufladen, wo Demjenigen, der von vornherein gar nicht die Absicht hat zu trinken, vielleicht nur ein halbes Pfund Kaffee oder Tabak zu kaufen, allemal der Schnaps unter die Nase gerieben und so das Saufen ganz gelegentlich nahe gelegt wird." Rede des Abg. Auditeur Marcard am 19. Januar 1856 bei Gelegenheit einer Petitonsberatung. Stenogr. Ber. I., S. 115.

[2] *Übertretung eines Gesetzes.*

binden[1] von mehr wie einem halben Anker[2]) geistige Getränke im Laden zu führen. Selbst, wenn der Verkäufer im Augenblick der Verabreichung einer kleineren Quantität von Getränken von der Polizei überrascht wird, steht ihm die Einrede offen, daß der gespendete Schluck Branntwein unentgeltlich, gleichsam als Zugabe zu anderen gekauften Viktualien[3], geboten worden sei.[4]

Geradezu unmöglich wird die polizeiliche Kontrolle der Kleinhandlungen durch die von der Ministerialinstruktion vom 26. August 1861 eingeführte Unterscheidung zwischen gewöhnlichem Branntwein und Wein, Rum, Arrak &c., welche letzteren Getränke in versiegelten Flaschen auch ohne den Besitz einer besonderen Konzession sollen verkauft werden dürfen. —

Unter diesen Umständen empfiehlt es sich um so mehr, die von uns hinsichtlich der Schankwirthschaf-

---

[1] *Ein Gebinde besteht aus zwei oder mehr zusammengebundenen Flaschen.*

[2] *In Preußen: 1 Anker = 34,351 Liter, ein halber Anker wird auch als Eimer bezeichnet.*

[3] *Lebensmittel.*

[4] Um dieser Einrede zuvorzukonmmen, ließ der Landrath Wißmann zu Gladbach während der Reaktionszeit das unentgeltliche(!) Verabreichen von Branntwein den Kleinhändlern durch Polizeiverordnung untersagen. —

ten vorgeschlagenen Reformen auch den Kleinhandlungen zu Gute kommen zu lassen, als anderenfalls den Kleinhändlern die Möglichkeit geboten ist, strengere gesetzliche Bestimmungen dadurch zu umgehen, daß sie durch Einrichtungen für sitzende Gäste ihre Laden zu Schanklokalen erweitern.[1]

[29] Will das Ministerium wirklich dem schädlichen Branntweingenuß entgegenwirken, so entschließe es sich unter Abstandnahme von allen bisher gebrauchten Hausmittelchen zur Aufhebung der Braumalzsteuer[2] und der die Produktion schlechter inländischer Getränke begünstigenden Schutzzöllen[3]. Wo ein gutes Bier gebraut und ein billiger reiner Wein geschenkt wird, da entwöhnt sich das Volk von selbst des Branntweingenusses.

---

[1] Das in dem Veit-Reichenheim'schen Entwurf enthaltene Verbot der Getränkekleinhandlungen ist deßhalb, weil Niemand die Grenze angeben kann, wo die Kleinhandlung aufhört und die Schankwirthschaft anfängt, völlig bedeutungslos.

[2] *Bei der Besteuerung von Bier entwickeln die Staaten viel Phantasie und versuchen an verschiedenen Stellen anzusetzen: beim Braumalz, bei den Kesseln und Maischbottichen oder auch beim Endprodukt nach Fässern.*

[3] *Diese Zölle treffen weniger Bier als andere Getränke, wie etwa Wein, die oft aus dem Ausland eingeführt werden.*

II.

[30] Von einer Freiheit des Schankgewerbes kann
erst die Rede sein, wenn, gleichwie die Bestimmungen
über den Zutritt zu demselben, auch die den Betrieb
selbst regelnden Anordnungen sittenpolizeilicher Natur einer Reform unterzogen worden sind. Die formel-
le Nothwendigkeit einer solchen springt schon aus
dem Umstande in die Augen, daß die desfallsigen[1]
Bestimmungen fast lediglich auf Ministerialrescripten
und Polizeiverordnungen fußen[2], die mit dem jedesmaligen Minister des Innern einen verschiedenen Inhalt bekommen und verschieden ausgeführt werden.
Ob und inwieweit Anordnungen dieser Art sich in den
verfassungsmäßigen Grenzen halten und namentlich
dem Geist des Volkes, seinen Sitten und Gebräuchen
entsprechen, entscheidet lediglich der Zufall. Daß derselbe in dem letzten Jahrzehnd der Freiheit des

---

[1] *die zu diesem Fall gehören.*

[2] *Also Anordnungen der Exekutive, die ohne die gesetzgebende
Gewalt des Parlaments zustandekommen.*

Schankgewerbes nicht gerade günstig gewesen ist, werden wir bei Betrachtung des Einzelnen bald erfahren.

Zunächst haben wir es mit den den Ausschluß gewisser Personen vom Besuch der Schankstätten vorschreibenden Bestimmungen zu thun. — Was mündige Personen anbetrifft, so waren desfallsige Maßregeln in Preußen früher unbekannt, und kam man erst in dem dritten Jahrzehnd dieses Jahrhunderts durch die Mäßigkeitsvereine auf den Gedanken, auf diesem Wege eine Besserung von Trunkenbolden zu bewirken. Auf Anregung der Polizeibehörden entstanden damals sogenannte freiwillige Vereine unter den Schankwirthen, deren Mitglieder sich verpflichteten, Trunkenbolden keine geistigen Getränke zu verabreichen. Als Trunkenbold sollte diejenige Person angesehen werden, welche hierzu von einen aus dem Bürgermeister, Gemeindevorsteher und Pfarrer gebildeten Ortssittengericht erklärt worden war.[1] Der westphälische Landtags-[31]-Abschied[2] vom 6. August 1841 übertrug auf den Wunsch der Provinzialstände[3] die Funktionen die-

---

[1] Vgl. das solche Vereine empfehlende Minist.-Rescr. vom 11. März 1837, welches an sämmtliche Regierungen gerichtet ist.

[2] Schlußsitzung des Landtags der Provinz Westfalen.

[3] *Die Landtage der Provinzen heißen offiziell „Provinzialstände", wodurch auch die ständische Zusammensetzung ausgedrückt wird. Sie wurden 1823 angeordnet, von 1824 bis 1827 eingerichtet und hatten nur beratende Funktionen. Vertreten waren die*

ses Sittengerichtes für Westphalen auf die Ortspolizeibehörde und verbot den Wirthen bei Strafe den ihnen
als Trunkenbolde bezeichneten Personen geistige Getränke zu verabreichen. Obgleich Art. 5 der Verfas-
sungsurkunde Beschränkungen der persönlichen Freiheit nur auf dem Wege des Gesetzes eingeführt wissen
will, hielt sich die Polizei während der Reaktionszeit[1]
doch berechtigt, die ihrem Ursprung nach nur für
Westphalen bestimmten Trunkenboldslisten durch
Polizeiverordnung auch anderwärts einzuführen. —

Je weniger in den großen Städten bei der mangelnden Bekanntschaft sämmtlicher Trunkenbolde Seitens
der Wirthe eine derartige Anordnung durchgeführt
werden konnte, um so energischer war ihre Handhabung an kleineren Orten, wo der zum Polizeivogt[2]
avancirte Unteroffizier[3] den Sittencensor spielte. Was
bei einer solchen Volkserziehung herauskam, liegt auf

---

*Besitzer eines Ritterguts (bestimmte Güter, die Steuerfreiheit
genossen), andere Grundbesitzer und Vertreter der Städte sowie
gewisse „Standesherren". Eine Wahl fand nicht statt.*

[1] *Der Zeit von 1850 bis etwa 1858.*

[2] *Ein Vogt war ein Beamter, der einen Feudalherrscher in einem
Gebiet vertrat.*

[3] *Der zum Polizeibeamten beförderte Unteroffizier. Es war üblich, daß ausgeschiedene Militärs die Posten bei der Polizei be-
kleideten.*

der Hand. Da die auf der gedruckten, den Wirthen eingehändigten Trunkenboldliste verzeichneten Personen nicht lange verborgen bleiben konnten, so wandte sich der Fabrikherr von dem Arbeiter, der Kunde von dem Handwerker, der Kaufmann von dem Krämer ab, der in solcher Weise nicht nur als unmündig bezeichnet, sondern als unmoralisch gebrandmarkt worden war. Analog den Erfahrungen, welche man überall mit entehrenden Strafen gemacht hat, wurde der Trunkenbold hierbei nicht gebessert, sondern versank, mit seiner Familie an den Bettelstab gebracht und dem öffentlichen Hohn und Spott preisgegeben, mehr und mehr. Trotz der Rechts- und Zweckwidrigkeit einer solchen polizeilichen Straf- und Interdiktionsgewalt hat die neue Aera dieselbe ungestört fortbestehen lassen und der Minister v. Schwerin in der bereits mehrfach erwähnten Instruktion vom 26. August 1861 sich lediglich darauf beschränkt zu erklären, daß der Besuch von Getränke-Kleinhandlungen den Trunkenbolden nicht verwehrt werden dürfe. — Mit dieser durch Nichts gerechtfertigten Unterscheidung zwischen Schankwirthschaften und Kleinhandlungen ist die ganze Einrichtung wo möglich noch sinnloser geworden.

Weniger verwerflich wie die Ausschließung mündiger Personen vom Wirthshausbesuch erscheint auf den ersten Blick das [32] vielfach bestehende Polizei-

verbot[1] der Verabreichung geistiger Getränke an un-
mündige, halberwachsene Personen. Eine nähere Er-
wägung muß indessen zu dem Resultat führen, daß
eine derartige Anordnung, ohne einen wesentlichen
praktischen Nutzen zu erzielen, lediglich dazu beiträgt,
die Wirksamkeit anderer auf dem Gebiet der Erzie-
hung berechtigteren Faktoren zu schwächen. „Die
Kinder vor dem Genuß des Branntweins zu warnen, in
einem Zeitalter, wo ihnen selbst schon Urtheilskraft
beiwohnt," heißt in einem unter dem 12. Juni 1840 an
die Regierung zu Erfurt[2] gerichteten Ministerialrescript, „ist Pflicht der Eltern und Erzieher. Es befördert die Moralität keineswegs, wenn die Polizei, indem sie auf indirektem Wege dahin arbeitet, die Resul-
tate dieser Pflichterfüllung zu sichern, die Meinung der
Eltern und Erzieher von ihrer Verantwortlichkeit für
die unterlassene Erfüllung jener Pflichten schwächt.
Auf der anderen Seite schwächt es ebenso die Wirksamkeit polizeilicher Anordnungen, wenn sie in Skru-
pulositäten[3] ausarten, deren genaue pünktliche[4] Beob-

---

[1] Vgl. beispielsweise die Polizei-Verordnung für den Regierungs-
Bezirk Düsseldorf vom 30. April 1828.

[2] *In der preußischen Provinz Sachsen.*

[3] *Hauptwort zu skrupulös: bedenklich, ängstlich erwägend, pein-
lich-genau.*

[4] *pünktlich hier weniger im zeitlichen Sinne, sondern von: in allen Punkten.*

achtung kaum erwartet werden kann. Man darf im Allgemeinen von den Schankwirthen recht füglich[1] verlangen, daß sie der Trunklust junger unerwachsener Leute keinen Vorschub thun, man darf ihnen unbedenklich die Konzession entziehen, wenn sie voraufgegangener Warnung ungeachtet sich das Gegentheil zu Schulden kommen lassen, allein man wird es mit Recht als eine über das Billige hinausgehende Zumuthung betrachten, sollten sie bei Vermeidung von Polizeistrafe gehalten sein, einen 17jährigen Jüngling von einem 18jährigen zu unterscheiden. Außerdem aber wird der Lüsternheit junger Leute nach dem Genuß spirituöser Getränke dadurch nur ein sehr geringer Damm entgegengesetzt, denn da der Genuß des Branntweins nicht aber der Genuß im Wirthshause die Hauptsache ist, so wird die trinklustige Jugend sich mit leichter Mühe das vom Ausschenker verschaffen, was ihr der Schankwirth versagen müßte." —

Andere Beschränkungen sittenpolizeilicher Natur betreffen die Zeit des Ausschanks geistiger Getränke. — In dieser Beziehung bestimmt, an ältere Verbote anknüpfend, §. 342 des [33] Strafgesetzbuches: „Wer in Schankstuben oder in öffentlichen Vegnügungsorten zu einer von der Polizei verbotenen Zeit, ungeachtet der Wirth, sein Stellvertreter oder ein Polizeibeamter ihn zum Fortgehen aufgefordert hat, verweilt, ist mit Geldbuße bis zu fünf Thalern zu bestrafen. Die

---

[1] *passend.*

Wirthe, welche das Verweilen ihrer Gäste zu einer von der Polizei verbotenen Zeit dulden, haben Geldbuße bis zu zwanzig Thalern oder Gefängniß bis zu vierzehn Tagen verwirkt[1]." Was nun zunächst die auf Grund dessen vielfach vorgeschriebene abendliche Polizeistunde angeht, so hat sich dieselbe dort, wo sie über den Zweck der Vorbeugung von Ruhestörungen hinaus auch dazu dienen sollte, einen übermäßigen Genuß geistiger Getränke zu verhindern, als durchaus wirkungslos gezeigt. Denn, wenn man auch die Säufer nöthigte, Abends das Wirthshaus früher zu verlassen, so konnte man sie doch nicht verhindern, dasselbe am Tage zu einer früheren Stunde zu besuchen oder in kürzerer Zeit das gewohnte Quantum zu genießen.[2] Abgesehen davon, sah man sich auch einzelnen Klassen von Bürgern gegenüber zu so vielen Ausnahmen und Dispensationen veranlaßt, daß schließlich die ganze Verordnung in desuetudinem[3] gerieth. Wo dagegen die Polizeistunde lediglich bezweckte, nächtlichen Ruhestörungen vorzubeugen, und deshalb der Volks-

---

[1] *als Ergebnis ihres Tuns zu erwarten.*

[2] In der Universitätsstadt Heidelberg, wo man die Polizeistunde sehr strenge handhabt, wird sicherlich dasselbe Quantum von geistigen Getränken consumirt, wie in der Universitätsstadt Bonn, wo thatsächlich keine Polizeistunde besteht. — *[Eugen Richter spricht hier sehr wahrscheinlich aus eigener Anschauung, da er in beiden Städten studiert hat.]*

[3] *außer Gebrauch.*

sitte gemäß festgesetzt und allen Ständen gegenüber gleichmäßig gehandhabt wurde, hat sie sich durchweg als praktisch bewährt. Gegen dieselbe läßt sich alsdann um so weniger etwas einwenden, als erfahrungsgemäß das Repressivmittel der gerichtlichen Bestrafung nächtlicher Tumultuanten zur Herstellung der Ruhe für manche Orte nicht ausreicht. —

Einen anderen Zweck, wie die besprochene, verfolgt die für die Zeit des Gottesdienstes an Sonn- und Festtagen festgesetzte Polizeistunde. In früheren Zeiten war dieselbe allerdings auch nur dazu bestimmt, die Ruhe des Sonntags zu schützen, und deshalb zwar lärmendes Vergnügen, wie Tanz und Kegelspiel, nicht aber der Wirthhausbesuch überhaupt [34] untersagt. Als indessen die Reaktion[1] begann, von ihrem Beruf[2], die Sittlichkeit des Volkes zu heben, mehr und mehr durchdrungen zu werden, hielt sie sich auch verpflichtet, den Kirchenbesuch durch Versperrung aller verlockenden Nebenwege zu fördern. So erging denn auf Veranlassung der Ministerien unter dem 14. Dezember 1853 eine für alle Regierungsbezirke gleich lautende Polizeiverordnung, welche nebst vielem Anderen in

---

[1] *Die Regierung in der Zeit von 1850 bis 1858 und ihre Unterstützer. Die Politik ist in dem Sinne „reaktionär" (und nicht nur „konservativ"), weil sie zu den Verhältnissen vor 1848 zurückstrebt.*

[2] *Berufung.*

majorem Dei gloriam[1] Verordneten auch „die Verabreichung von Speisen und geistigen Getränken in
Wirthshäusern und Schankstätten — außer an Reisen-
de — während der Dauer des Vor- und Nachmittags-
gottesdienstes" untersagte.

Ein solches Verbot mußte um so mehr überra-
schen, als der dasselbe unterzeichnende Rheinländer
Minister v. d. Heydt[2] unter dem 17. Mai 1851 in einem
an sämmtliche Regierungen gerichteten, die Sonntags-
feier betreffenden Cirkularerlaß[3] sich folgendermaßen
ausgesprochen hatte: „Daß sich nicht füglich darum
handeln könne, zu diesen Behufe[4] mit Zwangsmaßregeln einzuschreiten, welche tief in die Privatverhältnis-
se und in die gewerblichen Interessen eingreifen, wird
einer weitern Ausführung nicht bedürfen; dergleichen[5],
leicht eine geflissentliche[6] Opposition hervorrufende
Zwangsmaßregeln würden überdies kaum mit Erfolg

---

[1] *ad majorem Dei gloriam (zum größeren Ruhm Gottes), Motto
der Jesuiten, die hier aber nicht unmittelbar gemeint sind.*

[2] *August von der Heydt (1801–1874), preußischer Handels- und
Finanzminister.*

[3] *Erlaß, der im Umlaufverfahren zustande gekommen ist, d. h.
ohne Zusammenkunft der Beteiligten.*

[4] *zum Zweck.*

[5] *ebenso.*

[6] *scheinbar absichtslos, in Wahrheit jedoch ganz bewußt.*

durchzuführen und dem Zwecke eher hinderlich als förderlich sein."

Wie richtig diese damalige Anschauung des Ministers war, bewies das Schicksal der nunmehr von ihm unterzeichneten Verordnung. Die befürchtete „geflissentliche Opposition" stellte sich im reichlichsten Maße ein und machte der Polizei umso mehr zu schaffen, als sie nicht blos von den betheiligten Gewerbtreibenden ausging, sondern von dem ganzen gebildeten Publikum, selbst von dem verständigeren Theil der Geistlichkeit unterstützt wurde. Die rheinischen Friedensrichter[1] weigerten sich fast sämmtlich die Verordnung als gesetzmäßig anzuerkennen und erließen deßhalb im Fall der Uebertretung freisprechende Urtheile. Selbst als die Polizei dem entgegen mit Exekutivstrafen drohte[2], verstand es das widerstrebende Publikum,

---

[1] *Frankreich führte Friedensgerichte 1790 ein. Deren wesentliches Merkmal war, daß die Friedensrichter juristische Laien waren, die aber allgemeines Ansehen genossen und über die Kenntnisse verfügten, kleinere Rechtsstreitigkeiten zu entscheiden. Die Institution wurde in den westlichen Teil Deutschlands übertragen, der mittel- oder unmittelbar unter französischer Kontrolle stand. Nach dem Sieg über Napoleon fielen diese Gebiete beispielsweise an Preußen (Rheinland und Westfalen) oder an Bayern (Pfalz), die die Friedensgerichte noch Jahrzehnte lang beibehielten.*

[2] Beispiel einer solchen Androhung in einer Bekanntmachung der Düsseldorfer Polizei-Direktion abgedruckt in Nr. 162 der Düsseldorfer Zeitung, Jahrgang 1854. *[Eugen Richter wurde in Düsseldorf geboren, wo auch die Familie seiner Mutter, einer*

die in der Verordnung [35] enthaltenen Lücken so geschickt auszubeuten, daß an eine konsequente Durchführung derselben nicht gedacht werden konnte. Da beispielsweise nur der Ausschank **geistiger** Getränke verboten war, so ließen sich die in einem von der Polizei überwachten Wirthshause anwesenden Gäste Kaffee geben, welchem Getränk das Obertribunal die geistigen Eigenschaften abgesprochen hatte, oder begaben sich der Polizei Trotz bietend in ein auf der Grenze der benachbarten Bürgermeisterei liegendes Schanklokal oder in die Bahnhofsrestauration[1], wo sie unter der Firma[2] von „Reisenden" vor weiterer Verfolgung gesichert waren. Demgemäß brach sich die 1851 von dem Minister v. d. Heydt vertretene Ansicht, „daß dergleichen Zwangsmaßregeln kaum mit Erfolg durchzuführen und dem Zweck eher hinderlich als förderlich seien," auch unter den ausführenden Beamten mehr und mehr Bahn, und kam so die ganze Verordnung, sobald der Druck von Oben nachließ, in desuetudinem[3]. — Gleichwohl hat das gegenwärtige

---

geborenen Maurensbrecher lebte. Das mag erklären, wie er an diese Information kam.]

[1] *Bahnhofsrestaurant.*

[2] *Eine Firma ist wörtlich eine Unterschrift. „Unter der Firma" bedeutet von daher: mit der offiziellen Begründung. Die heutige Verwendung des Wortes Firma stammt von dieser Grundbedeutung her.*

[3] *außer Gebrauch.*

Ministerium[1] sich noch nicht entschließen können, dieselbe formell aufzuheben, vielmehr die Majorität des bisherigen Abgeordnetenhauses bewogen, über die zahlreichen dieserhalb eingegangenen Petitionen zur Tagesordnung überzugehen[2] *) Unter diesen Umständen ist es in die Hand jedes puritanischen[3] Landraths oder Polizeidirektors gegeben, die Verordnung wieder ins Leben zurückzurufen und damit die alten Scherereien auf's Neue beginnen zu lassen.

Wir haben schließlich noch sitten-polizeiliche Beschränkungen der Schankwirthschaften zu erörtern, welche sich auf die mit dem Genuß geistiger Getränke gewöhnlich verbundenen Vergnügungen des Spiels und des Tanzes beziehen.

Hinsichtlich des Spiels bestimmt §. 267 des Str.-Ges.-B.[4]: Inhaber öffentlicher Versammlungsörter,

---

[1] *Das „Ministerium" ist das, was man heute die preußische Regierung nennen würde.*

[2] *Sitz. v. 28. Febr. 1859. [„Zur Tagesordnung übergehen" bedeutet dabei, daß mit den anderen Punkten der Tagesordnung fortgefahren wird und die Petitionen übergangen werden.]*

[3] *Im übertragenen Sinne von: kleingeistig, engherzig, genau auf den Buchstaben. Puritaner im ursprünglichen Sinne als eine Richtung im Protestantismus gibt es eigentlich nicht (mehr) in Deutschland.*

[4] *Strafgesetzbuch.*

„welche Hazardspiele[1] an diesen Orten gestatten oder zur Verheimlichung solcher Spiele mitwirken, sind mit Geldbuße von 20 bis zu 500 Thaler zu bestrafen. Im zweiten Rückfalle ist zugleich auf den Verlust der Befugniß zum selbstständigen Betriebe des Gewerbes zu erkennen."

Gegen diese an frühere Verbote anknüpfende Bestimmung läßt sich um so weniger etwas einwenden, als das Hazardspiel [36] eine nicht nur unwirthschaftliche, sondern auch unsittliche Handlung darstellt und es sicherlich Aufgabe des Staates und somit auch der Polizei ist, die öffentliche Ausübung von unsittlichen Handlungen zu verhüten. Hinsichtlich der Handhabung des Verbots bleibt nur zu wünschen übrig, daß mehr Gleichmäßigkeit beobachtet wird, und die Polizei weniger Scheu trägt, gegen das in öffentlichen Lokalen von vornehmeren Ständen betriebene Hazardspiel einzuschreiten.

Anders wie mit dem Hazardspiel verhält es sich mit dem Tanz. Als Vergnügen unschuldiger Art war derselbe in dem ersten Dezennien[2] dieses Jahrhunderts, wenn die Polizeistunde eingehalten wurde und sonst keine gegründeten Bedenken als früher vorgefallene Schlägereien, Störung der öffentlichen Ruhe und Ordnung vorlagen, in öffentlichen Lokalen gegen Er-

---

[1] *Glücksspiel.*

[2] *Jahrzehnten.*

legung einer mäßigen Armenabgabe[1] ohne Weiteres gestattet.[2]

Erst seit der Uebernahme des Polizeiministeriums durch v. Rochow trat die Tendenz hervor, die in Gemäßheit des §. 186. Theil II. Titel 20 d. Allg. Ldr.[3] zur Abhaltung öffentlicher Lustbarkeiten erforderliche polizeiliche Erlaubniß als Handhabe zu benutzen zur Beschränkung „der zu häufigen Tanzgelage der niederen Volksklasse." Gleichwohl ging man doch noch von der Ansicht aus, daß Tanzvergnügungen „als Erholungen und Erheiterungen, auf die der Bürger Anspruch hat, in der Regel und nicht nur ausnahmsweise erlaubt werden sollen und daß in der Einholung einer

---

[1] *Die der örtlichen oder der provinziellen Armenkasse zufließt, aus der Hilfsbedürftige unterstützt werden.*

[2] Minist. Rescr. (v. Brenn) v. 8. Nov. 1833. Vergl. auch speziell bezüglich der Rheinprovinz das Rescript des bergischen Ministers des Innern an sämmtliche Provinzialräthe vom 28. April 1807 (Skotti's Sammlung No. 2975), worin es heißt: „Von der Ansicht ausgehend, daß der Frohsinn und die Munterkeit des Volkes eher gepflegt als beschränkt werden sollen, wird Tanzmusik gestattet bis zur gewöhnlichen Polizeistunde, außer wenn es die Religionsgebräuche nicht zulassen und gegen einen Erlaubnißschein." Der letztere diente lediglich zur Kontrolle über die Zahlung der Armenabgabe.

[3] *Das Allgemeine Landrecht für die Preußischen Staaten trat nach längerer Vorbereitung 1794 in Kraft. Es umfaßte in einem Gesetzbuch sowohl das Zivilrecht und das Strafrecht als auch einen Teil des öffentlichen Rechts.*

besonderen Erlaubniß, „mehr eine Benachrichtitung und Anzeige über eine ebensowenig positiv erlaubte als positiv verbotene Handlung und nicht eigentlich der Antrag um Dispensation von einem Polizeiverbote" zu finden sei.[1]

[37] Zur letzten Auffassung bekannte sich erst der Minister v. Westphalen, welcher das Princip zur Geltung brachte, daß Tanzlustbarkeiten nur ausnahmsweise bei besonderen festlichen Gelegenheiten zu gestatten seien.

Wie überhaupt in der Reaktionszeit, so litt auch unter der Ausführung dieser Verwaltungsmaxime die Rheinprovinz am meisten, zumal sie noch mit einem besonders tanzfeindlichen Oberpräsidenten[2] gesegnet war. Während die Uckermark noch vierzehnmal im Jahr tanzen durfte[3], erschien Ende des Jahres 1856 die für die Kulturgeschichte des 19. Jahrhunderts ewig denkwürdige Verordnung der Koblenzer Regierung[4],

---

[1] Minist. Rescr. (v. Rochow) vom 29. April 1835 an die Reg. zu Arnsberg, welche die Nothwendigkeit einer speziellen Beaufsichtigung der Tanzlustbarkeiten nicht einsehen wollte.

[2] *Gemeint ist damit Hans Hugo von Kleist-Retzow (1814-1892), Oberpräsident der Rheinprovinz während der Reaktionszeit.*

[3] Denkschrift über die zur Beförderung der Sonntagsheiligung in dem evangelischen Deutschland anzuwendenden Mittel. S. 35. Hamburg 1854.

[4] *Auch hier berichtet Eugen Richter wohl aus der Nähe, da er in Koblenz aufwuchs.*

welche, „um dem verderblichen Einfluß der öffentlichen Tanzmusiken auf die Sittlichkeit der unteren Volksklasse zu begegnen" festsetzte, daß an Sonn- und Feiertagen überhaupt nicht, sonst aber höchstens an drei Tagen des Jahres, worunter am Königsgeburtstag die Unsitte des Tanzens geduldet werden solle[1]. Wohl keine Maßregel der Reaktion hat in der Rheinprovinz eine größere Erbitterung hervor gerufen, wie diese das Nationalgefühl auf's tiefste kränkende und dem freien Sinn der Rheinländer widerstrebende Verordnung.

Zielte dieselbe doch darauf hin, sittlich erlaubte, den Charakter erfrischende und kräftigende Volksbelustigugen zu beseitigen und aus einem munteren vergnügungsliebenden Volksschlage eine Nation von Kopfhängern und Heuchlern zu erziehen. Die bei Tanzlustbarkeiten mitunter auftretenden Verschwendungssucht[2] Einzelner konnte die Verordnung bei alledem nicht beschränken, sondern nur anderen, der polizeilichen Beaufsichtigung weniger unterliegender Vergnügungen zuleiten. An die Stelle des frohen Ge-

---

[1] Vgl. die Kritik dieser Verordnung im Hause der Abgeordneten bei Gelegenheit einer Petition der Koblenzer Musiker. Sitz. v. 12. Jan. 1857.

[2] *Die Sorge des Staates ist schon aus absolutistischen Zeiten her, daß die Untertanen durch Verschwendung die Grundlage der Besteuerung schädigen. Insofern steht immer staatlicherseits auch eine Abwägung im Hintergrund, die das Vergnügen der Bevölkerung nur zuläßt, soweit es zu mehr Produktion führt, und sonst nicht.*

tümmels auf dem Tanzboden, trat vielfach ein wüstes Treiben in Bier- und Schnapsschänken oder gar unheimliches Gelage in den Privatwohnungen, wo man vor dem überwachenden Auge der Polizei vollständig gesichert war.

Das früher auf dem Tanzboden in Gesellschaft der Angehörigen verzehrte Geld wurde dem Spiel und Trunk geopfert, [38] wobei die Schlägereien im Schanklokal, auf der Straße und in der Familienwohnung nicht ausblieben. Je strenger die Tanzbeschränkungen beobachtet und die damit zusammenhängende Vergnügungspolizei[1] gehandhabt wurde, um so erschreckender traten die erwähnten Folgen hervor. Wie es in dieser Beziehung in dem frömmelnden Wupperthal[2], in welchem man selbst Anstand genommen hatte, ein Sommertheater zu konzessioniren, aussah, darüber

---

[1] *Das ist keine eigene Organisation der Polizeibehörde, sondern im Sinne der ältere Bnedeutung von "Polizei" als staatliche Regulierung zu verstehen, die sich hier auf Vergnügungen erstreckt.*

[2] *Das Wuppertal war eine Hochburg des Pietismus und der kirchlichen Orthodoxie. Eugen Richter kannte die Lage aus eigener Anschauung. So schildert er in seinen „Jugend-Erinnerungen" von 1892 (Neuauflage bei Libera Media) im Kapitel 8 seine Erfahrung „Unter den "Erweckten" im Wupperthal". In einem Waisenhaus behaupteten die Kinder, vom Heiligen Geist erweckt und angefaßt zu werden. Eugen Richter entlarvte diesen Spuk als eine Mischung aus Aufschneiderei und Massenpsychose.*

giebt folgende der Wahrheit vollständig entsprechende Korrespondenz der Kölnischen Zeitung No. 67 de dato[1] Elberfeld den 6. März 1858 Zeugniß: „Am zweiten Weihnachtstage hatten sich mehrere Arbeiter in der Wohnung eines von ihnen gegen Abend versammelt und nachdem geistliche Lieder gesungen worden waren, wurde Branntwein herbeigeholt und nach dessen reichlichem Genuß entstand eine Schlägerei, bei welcher einer der Anwesenden die Treppe hinabstürzte und eine Verletzung davontrug, die seinen Tod zur Folge hatte. Selbst die Staatsbehörde konnte nicht umhin bei Begründung der Anklage es hervorzuheben, wie solche Zusammenkünfte benachbarter oder befreundeter Arbeiter in hiesiger Gegend, welche häufig mit Excessen aller Art endeten, wesentlich durch den Umstand veranlaßt wurden, daß es den Arbeitern an Gelegenheit fehle, an Sonn- und Festtagen sich harmlosen und zugleich ihre Bildung fördernden Vergnügungen zu überlassen. Die Vertheidigung stimmte vollkommen bei und machte in dem gerügten Mangel so gar einen Milderungsgrund geltend."[2]

---

[1] *vom Datum.*

[2] Daß aus der sogenannten Vergnügungspolizei zu keiner Zeit bessere Früchte hervorgegangen sind, weisen folgende schlichten Bemerkungen von Justus Möser in seinem Aufsatz „Etwas zur Polizei der Freuden der Landleute" (Patriot. Phantasien IV. S. 34) nach: „In gewissen Ländern, und besonders am Rheine,

Eugen Richter

[39] Obwohl der Graf Schwerin als Abgeordneter bei Gelegenheit der Debatte über die obige Verordnung der Koblenzer Regierung sich energisch dagegen

---

läßt der Pfarrer des Sonntags das Zeichen mit der Glocke geben, wenn der Fiedler in der Schanke auf die Tonne steigen darf; und nun fängt alles an zu hüpfen. In der ganzen Woche aber findet man daselbst keinen Menschen in der Schanke. In Frankreich, wo das Tanzen am Sonntag verboten ist, sieht man des Abends nach verrichteter Arbeit häufige Tänze und die Nation ist nüchtern und fleißig. In Genf findet man die Handwerker alle Abend, wenn es die Witterung erlaubt, eine Stunde auf öffentlichen Plätzen, um sich von den unermüdeten Anstrengungen des Tages zu erholen; und so ist überall, wo die Gesetzgebung auf Erfahrung gebaut wird, Freude und Arbeit vermischt und die eine dient der andern mit mächtiger Hand."

„In andern Ländern hingegen, wo die Feiertage nach einer gebieterischen Theorie abgeschafft, die blauen Montage eingezogen, die Fastnachts-Lustbarkeiten verboten, die Leichen- und Kindelbiere zu genau eingeschränkt, alle Zehrungen untersagt, alle Kirmesfreuden durch den nie schlafenden Fiskal gestört, und überhaupt alle Lustbarkeiten der Unterthanen soviel immer möglich unterdrückt sind, sieht man die Leute weit häufiger in den Schanken, stiller und trauriger, aber öfterer trinken und auch weniger fleißig arbeiten. Ihre Wirthschaft geht bei allen Einschränkungen schlimmer und der niedergeschlagene Mensch schafft mit seinen Händen dasjenige nicht, was der lustige schafft. Die Unterthanen sehen den Gesetzgeber wie die Kinder einen grämlichen Vater an; sie versammeln sich in Winkeln und thun mehr Böses als sie bei mehrerer Freiheit gethan haben würden. Sie dünken sich sicher, so oft sie sich nur nicht die Hälse brechen." Man sollte fast glauben, die letzteren Worte seien mit Bezug auf den oben beschriebenen Elberfelder Vorfall geschrieben.

aussprach, „daß die Polizei willkürlich eingreife, wo das Volk von der freien Ausübung seines Rechtes sich zu vergnügen Gebrauch mache,"[1] so hat derselbe zum Minister des Innern ernannt, sich doch noch nicht entschließen können, mit dem Westphalenschen Princip zu brechen, sondern unter dem 26. November

---

[1] Da die von dem damaligen Abgeordneten gehaltene Rede unserer Anschauung von der sittenpolizeilichen Aufgabe des Staates vollständig entspricht, so können wir nicht umhin, dieselbe hier vollständig wiederzugeben. Graf v. Schwerin sagte: „Die Verordnung, um die es sich handelt, gehört einem System von Maßregeln an, welches ich für unseren Staat für ein durchaus verderbliches halte, nämlich aus dem System durch äußere Polizeimaßregeln die Sittlichkeit befördern zu wollen. Sie werden dadurch aber nichts erreichen, als daß sie dadurch eine Nation von Kopfhängern erzielen und eine Erbitterung gegen die Regierung hervorrufen. Wir wollen gewiß in demselben Maße, wie der verehrte Redner, welcher zuletzt gesprochen hat, daß die Regierung ihre Aufgabe von dem sittlichen Standpunkt aus erfasse; wir sind aber der Ueberzeugung, daß die Sittlichkeit nicht durch den Polizeistock und durch äußere Maßregeln befördert werde, sondern dadurch, daß die Regierung in allen Stücken vorangehe in Aufrechterhaltung und Achtung der Gesetze und ihrerseits in ihren Handlungen niemals den sittlichen Standpunkt aufgebe."

„Wir verlangen durchaus nicht, daß die Regierung dem Volke Gelegenheit machen solle, sich zu vergnügen, wie der Herr Redner, der zuletzt sprach, andeutete, wir verlangen nur, daß sie nicht willkürlich eingreife, wo das Volk von der freien Ausübung seines Rechtes sich zu vergnügen Gebrauch macht, sei es in den obern, oder unteren Ständen." Sitzung v. 12. Jan. 1857. Stenogr. Vhdlg. S. 49.

1859 eine Tanzordnung für die Rheinprovinz erlassen, welche zwar nicht der Kleist-Retzow'schen gleichkommt, indessen an Liberalismus hinter den Rescripten eines von Rochow weit zurückbleibt.

[40] Selbst, wenn man von der Verkehrtheit des darin festgehaltenen Grundsatzes, Tanzlustbarkeiten nur ausnahmsweise zu gestatten, absehen will, ist bei Anwendung dieses Grundsatzes ebenso engherzig wie willkürlich und unlogisch verfahren worden. Obgleich nämlich kleinere Orte größerer Privatvergnügungen, wie sonstiger öffentlicher Lustbarkeiten entbehren, werden dieselben nicht nur nicht milder, sondern viel strenger in Bezug auf die Gestaltung öffentlicher Tanzlustbarkeiten behandelt, wie die mit Theater, Concerten, Vereinsbällen &c. gesegneten größeren Städte. Während es den Bezirksregierungen überlassen bleibt, für letztere weitere Ausnahmen von dem Tanzverbot zu gestatten, muß für Gemeinden mit weniger als 10,000 Einwohnern unverbrüchlich daran festgehalten werden, daß außer an fünf bestimmten Festtagen und je zwei Kirmestagen[1] bei zwei Kirmessen jeder Pfarrei nicht zum Tanze aufgespielt wird. Die letztere Bestimmung hat überdies noch eine weitere wunderbare Folge, daß je gemischter die Konfessionen in einer Gemeinde und je zahlreicher daher die Pfarreien sind, desto mehr in derselben getanzt werden darf.

---

[1] *Urspünglich war eine "Kirmes" ein "Kirchweihfest". In der Zeit ähnelt das Treiben aber schon längst dem eines Volksfestes.*

Die Freiheit des Schankgewerbes

Was speziell die größeren Städte betrifft, so hat die Mehrzahl der Regierungen von der ihnen hinsichtlich derselben ertheilten Ermächtigung in der Weise Gebrauch gemacht, daß jedem Wirth außer an den auch für die Landgemeinden gültigen Tanztagen noch an einem besonders von ihm zu bezeichnenden Tage gestattet wird, Tanzmusik zu veranstalten. Unter diesen Umständen kann offenbar nicht mehr von einer Beschränkung der Tanzgelegenheiten, sondern lediglich einer Beschränkung des Tanzraums die Rede sein, da bei der, je nach der Zahl der Tanzwirthe, sich wiederholender Gelegenheit diejenigen Tanzlustigen, welche sich [41] früher in viele Lokale zerstreuten, in wenige oder nur eines zusammengedrängt werden. Inwieweit dies sanitätspolizeilich gerechtfertigt ist, wollen wir dahingestellt sein lassen.

Wenn wir nun auch nicht daran zweifeln, daß diese ganze Tanzordnung bei dem Widerspruche, in welchen sie sowohl mit sich selbst als der Natur der Dinge steht, denselben Weg gehen wird, welchen die Verbote des öffentlichen Tabackrauchens[1] gegangen sind; so

---

[1] *Das war etwa in der vormärzlichen Zeit in Preußen so. Hier eine Beschreibung von Friedrich Werder in dem Buch „Eugen Richter, der Führer der Fortschrittspartei“ von 1881 (Neuausgabe bei Libera Media): „Die braven Krieger [der Befreiungskriege gegen Napoleon], welche im Pulverdampf vor dem Feinde hatten rauchen dürfen, sollten als schlichte Bürger auf den Straßen Berlin's sich bei harter Ahndung des Tabaksgenusses enthalten. Eine Ausnahme wurde für die Cholerazeit gemacht; als indessen die Seuche Abschied genommen, wurde das Verbot des*

möchten wir doch zur Ehre der preußischen Verwaltung wünschen, daß sie sich den ihr anklebenden Zopf[1], bevor er sich selbst auflöst, abschneidet und zu dem in den ersten Decennien dieses Jahrhunderts geltenden Grundsatz der Tanzfreiheit zurückkehrt.

Durch die gesetzliche Anerkennung dieses Grundsatzes und die Aufhebung der anderen von uns als polizeiwidrig charakterisirten Polizeiverordnungen wäre zwar viel gewonnen, indessen ein rechtlich gesicherter Zustand des Schankgewerbes, was wir unter Freiheit desselben verstehen, noch nicht hergestellt. Zu dem Ende[2] muß auch die Quelle der bisher herrschenden Uebelstände, welche in dem Recht der Polizei durch einfache Polizeiverordnung das Schankgewerbe jeder beliebigen Beschränkung zu unterwerfen, beruht, verstopft werden. Wie das Gemeinschädliche dieser Befugniß der Polizei aus den von uns geschilderten Nachtheilen erhellt, so ergiebt sich das Ueberflüssige derselben aus dem Umstande, daß alle von uns als gerechtfertigt anerkannten Gewerbebeschränkungen wie Polizeistunde und Verbot des Hazardspiels,

---

Rauchens erneuert und — der "Vossischen Zeitung" wurde strengstens untersagt, auch nur zu erörtern, ob sich das Verbot auch auf den Thiergarten erstrecke."

[1] *Als Symbol des alten Regimes mit seinen Perücken. Entsprechend gibt es auch den Ausdruck „verzopft" für hoffnungslos überholte und bürokratische Vorgehensweisen.*

[2] *zu diesem Zweck.*

bereits im Strafgesetzbuch vorgesehen sind. Sollte außerdem die künftige Praxis noch anderweitige Anordnungen als wünschenswerth ergeben, so steht nichts im Wege, das Strafgesetzbuch demgemäß zu ergänzen.

Hier ist der Punkt, wo an die Reform der Schankgewerbepolizei eine Reform der allgemeinen Polizeigesetzgebung anknüpfen muß. ist wahrlich ein wunderbares, zum weiteren Nachdenken anregendes Ding, daß in Preußen derselbe Gegenstand, je nach der Bequemlichkeit des Ministers, seine rechtliche Ordnung entweder im Wege des Gesetzes unter Zustimmung des Souverains und der Landesvertretung oder im Wege der Polizeiverordnung nach dem Gutdünken der Verwaltung empfangen kann. In Wirklichkeit sind denn auch nicht nur fast sämmtliche Polizeigesetze durch Polizeiverordnungen ergänzt, [42] sondern selbst ganze Materien, welche die Freiheit der Person und des Eigenthums auf's Engste berühren — wie beispielsweise die Baupolizei — lediglich durch Polizeiverordnungen geregelt werden. Es findet dieses Rechtsverhältniß sein Seitenstück[1] in dem nicht minder zum Nachdenken anregenden Umstand daß während die Polizei als legislative Behörde nur befugt ist, Strafen bis zur Höhe von zehn Thalern anzudrohen, sie als exekutive Behörde nach der bisherigen Praxis das Recht hat, Strafen bis zu hundert Thaler nicht nur anzudrohen, sondern auch endgültig festzusetzen.

---

[1] *Etwas, das mit der Hauptsache unmittelbar verbunden ist und diese flankiert.*

So lange in unserem Staate die Polizeiverwaltung eine solche gesetzgebende, richterliche und vollziehende Gewalt in sich vereinigt, verdient Preußen noch nicht den Namen eines Rechtsstaates.

Düsseldorf, im Dezember 1861.

Anhang

In Ungnade.[1]

[61] Den Höhepunkt meiner amtlichen Laufbahn sollte ich schon auf dem Landratsamt in Mettmann erreicht haben. Nun ging es bald abwärts. Warum konnte ich auch nicht vorsichtiger mit Feder und Dinte[2] umgehen? Vielleicht wäre ich sonst jetzt Regierungsrat, besäße den roten Adlerorden 4., oder sogar 3. Klasse und könnte bereits daran denken, mit der reglementsmäßigen Pension und dem Titel eines Geheimen Regierungsrats demnächst in den wohlverdienten Ruhestand zu treten.

Aber die Schriftstellerei wurde mir nun einmal zum Verderben. So gelüstete es mich denn, nachdem ich einige Monate Regierungsreferendar gewesen, eine Broschüre zu schreiben zur Reform der Gewerbepolizei, also über Mißstände in der Polizeiverwaltung, zu

---

[1] *Entnommen aus: Eugen Richter: Jugend-Erinnerungen, 1892 (Neuausgabe bei Libera Media), Kapitel 10, Seite 61-69.*

[2] *Tinte.*

der ich doch eigentlich als Regierungsreferendarius[1] selbst gehörte. Aber hatte ich nicht von Klein auf auch meinen [62] Vater über Mißstände schriftstellern gesehen in derjenigen Verwaltung, welcher er angehörte[2]?

Ich hatte, wie bereits früher erzählt, in den Versammlungen des Handels- und Gewerbevereins zu Düsseldorf Gelegenheit, im Anschluß an die damals im Abgeordnetenhause geplante Reform des Gewerbewesens über Gewerbepolizei zu referiren und zu diskutiren. Der Minister des Innern, Graf Schwerin — wir lebten ja seit drei Jahren in der „neuen Aera"[3] — hatte durch Reskript vom 26. August 1861 die Regierungen aufgefordert, sich über Aenderungen der Schankgewerbegesetzgebung gutachtlich zu äußern. Im Abgeordnetenhause war eine besondere volkswirtschaftliche Kommission zu dem Zwecke gebildet worden, um eine auch das Schankgewerbe betreffende freisinnige[4] Gewerbeordnung zu entwerfen. Zu dieser Kommission gehörten Freunde von mir aus dem

---

[1] *Unterster Rang nach Eintritt in den Staatsdienst.*

[2] *Der Vater von Eugen Richter war Generalarzt in der preußischen Armee und schrieb mehrere Broschüren, in denen er Reformen anregte und die bestehenden Verfahrensweisen kritisierte.*

[3] *Phase ab 1858, als Prinz Wilhelm in Preußen die Regentschaft antrat.*

[4] *liberale.*

volkswirtschaftlichen Kongreß[1]. Diese wollte ich bei
ihrer Arbeit mit meinen schwachen Kräften unterstüt-
zen und so ließ ich denn im Verlage desselben Han-
dels- und Gewerbevereins, in welchem ich die Vorträge gehalten hatte, um die Wende der Jahre 1861/62
eine Broschüre erscheinen „Ueber die Freiheit des
Schankgewerbes, ein Beitrag zur Reform der preußischen Gewerbepolizei, insbesondere des Konzessionswesens, von Eugen Richter, Regierungsreferendarius. Düsseldorf 1862, Schaub'sche Buchhandlung."

[63] Mein Vater, der inzwischen seinen Abschied
nachgesucht hatte und nach Düsseldorf übergesiedelt
war, fand mein Vorhaben durchaus löblich, gab mir
für die Abfassung der Schrift in formeller Beziehung
einige Winke aus seiner eigenen schriftstellerischen
Praxis und erteilte mir insbesondere die erste Anlei-
tung in der Kunst des Korrekturlesens und der Aus-
merzung von Druckfehlern.

In meiner schneeweißen politischen Unschuld
überreichte ich die ersten Exemplare der Schrift,

---

[1] *Der Kongreß Deutscher Volkswirte wurde 1858 begründet und
umfaßte Wissenschaftler, Publizisten und Politiker, die an einer
Liberalisierung der Gesetzgebung interessiert waren. Ihm gehör-
ten viele an, die später Abgeordnete im preußischen Abgeordne-
tenhaus und im Reichstag wurden, zumeist für die Deutsche
Fortschrittspartei oder den linken Flügel der Nationalliberalen.
Zu nennen wären hier etwa: Karl Braun, Julius Faucher, Wilhelm
Lette, John Prince-Smith, Hermann Schulze-Delitzsch, Moritz
Wiggers oder Leopold Sonnemann.*

schön gebunden, persönlich dem Regierungspräsiden-
ten und dem Abteilungsdirigenten. Beide Herren
nahmen die Schrift auch huldvoll entgegen, weil sie,
bevor sie eine Blick in dieselbe geworfen hatten,
glaubten, darin nur eine für den praktischen Beamten
brauchbare Zusammenstellung der geltenden Verordnungen und Reskripte zu finden. Aber schon bei der
nächsten Sitzung des Regierungskollegiums merkte
ich, was die Glocke geschlagen hatte. Ich war in Ungnade gefallen und für die Mehrzahl der Herren Luft
geworden.

Ich selbst besitze kein Exemplar der Schrift mehr,
aber in der Bibliothek des Abgeordnetenhauses habe
ich neuerlich ein solches aufgefunden. Die Schrift ent-
hielt nicht das mindeste über die Düsseldorfer Regierung und deren Praxis; auch wird darin nach keiner
Richtung hin ein Amtsgeheimnis verletzt, wie auch der
Regierungsprä-[64]-sident anerkennen mußte. Aber allerdings enthält die 2 ½ Druckbogen umfassende Broschüre eine scharfe Verurteilung der Polizeiwirtschaft
des Ministeriums Manteuffel-Westphalen und der
Verwaltung des Oberpräsidenten v. Kleist-Retzow[1].
Diese Minister und dieser Oberpräsident aber gehörten damals schon der Vergangenheit an, und gerade

---

[1] *Hans Hugo von Kleist-Retzow (1814-1892) war Oberpräsident
der Rheinprovinz und konservativer Politiker. Er war einer der
Mitgründer der „Neuen Preußischen Zeitung", besser bekannt als
„Kreuzzeitung", die das Sprachrohr der Konservativen war.*

die Düsseldorfer Regierung[1] hatte die Zurdispositions-
stellung des Oberpräsidenten v. Kleist-Retzow seiner-
zeit noch durch ein besonderes Festmahl in dem Re-
staurant von Thürnagel gefeiert.

Ich hatte in meiner Broschüre anerkannt, daß der
neue Minister des Innern Graf Schwerin manches gebessert habe. Aber, so heißt es in der Einleitung der
Broschüre, „wir sind doch von einem gesicherten
Rechtszustand in Bezug auf das Schankgewerbe noch
weit entfernt, und läßt insbesondere die konsequente
Durchführung für richtig erkannter Prinzipien manches zu wünschen übrig. Auf dem Gebiete der
Schankgewerbepolizei fehlte es nicht nur formell an
einem klaren, ministerielle Willkür ausschließenden
Gesetz, sondern namentlich auch materiell an einer
scharfen Unterscheidung zwischen dem, was Gegenstand des Rechtes und des Sittengesetzes, Aufgabe der
Polizei und anderer auf dem Gebiete des sittlichen Lebens berechtigter Faktoren ist. Der für den Staat erreichbare Zweck wird wiederum durch Mittel verfolgt,
welche teils ganz ungeeignet sind, [65] teils außer Ver-
hältnis stehen zu den Rücksichten, welche die Polizei
der bürgerlichen Freiheit schuldet."

Nach diesen Gesichtspunkten besprach ich im einzelnen die Handhabung des Schankkonzessionswe-

---

[1] *Die Regierung ist die Verwaltung einer preußischen Provinz.*
Die Regierung Preußens im heutigen Sinne würde man das „Mi-
nisterium" genannt werden.

sens, erörterte die Bedürfnisfrage, die Beschränkung der Tanzlustbarkeiten, die Regelung der Polizeistunde u. s. w. Zu allen diesen Fragen brachte ich ein reichhaltiges Material bei aus veröffentlichten Ministerialreskripten und früheren Parlamentsverhandlungen. Im einzelnen machte ich überall Verbesserungsvorschläge. Insbesondere formulirte ich auch bestimmte Bedingungen für die Erteilung der Wirtschaftskonzessionen, welche unter Fortfall einer Prüfung der Bedürfnisfrage maßgebend sein sollten.

Bescheiden hatte ich hinzugefügt, daß, wenn die Ausführung hinter dem Willen des Verfassers zurückgeblieben sei, es theoretisch und praktisch befähigteren Männern überlassen bleibe, mit anderweitigen Vorschlägen hervorzutreten.

Ein sorgfältiges Studium aller bei der Regierung vorhandenen General- und Spezialakten über Schankwirtschaftspolizei bis in eine 30 Jahre zurückliegende Zeit hinein hatten mich überzeugt, daß hinter der Prüfung der Bedürfnisfrage stets nur die reine Willkür der Verwaltung steckt. Mir selbst waren in meiner jungen Praxis mehrfach Beschwerdesachen wegen verweigerter Anerkennung [66] des Bedürfnisses einer neuen Schankwirtschaft zur Bearbeitung zugeschrieben worden. Ich hatte sogar, als es sich um ein Lokal in der Nähe des Regierungsgebäudes handelte, sehr eingehende Studien an Ort und Stelle versucht, um über das Vorhandensein eines Bedürfnisses ein Urteil zu gewinnen. Aber es war mir trotz aller Bemühungen nicht gelungen und ich weiß auch noch heute nicht, wie es bei der Polizei gemacht wird.

Der Schluß der Broschüre erörtert die zu weit gehenden Befugnisse der Polizeiverwaltung in Preußen, das unbeschränkte Polizeiverordnungsrecht, das ausgedehnte Recht, Exekutivstrafen anzudrohen und endgültig festzusetzen. Die Schrift schloß mit dem Satz: „So lange in unserm Staate die Polizeiverwaltung eine solche gesetzgebende, richterliche und vollziehende Gewalt in sich vereinigt, verdient Preußen noch nicht den Namen eines Rechtsstaates."

Exemplare meiner Schrift waren auch in das Abgeordnetenhaus gelangt, in welchem damals gerade die neu gewählte Fortschrittspartei[1] anfing sich bemerklich zu machen. Liberale Abgeordnete sollen den Minister des Innern Grafen Schwerin im Privatgespräch auf die Broschüre aufmerksam gemacht haben unter scherzhaften Bemerkungen über den reformatorischen Eifer seiner Referendarien.

[67] Ein Düsseldorfer Regierungsrat, der gerade in Berlin Kammerherrndienste zu versehen hatte, erhielt davon Kenntnis und berichtete darüber nach Düsseldorf. Nun ließ mich der Präsident in sein Kabinet vorladen und versuchte in halb väterlichem, halb zurechtweisendem Tone das Unstatthafte meines Vorgehens und auch das Unzweckmäßige meiner Vorschläge

---

[1] *Die Deutsche Fortschrittspartei wurde 1861 begründet.*

darzulegen. Ich ließ mich aber nicht so leicht verblüf-
fen, stellte, was auch der Wahrheit entsprach jede
Spitze gegen die Düsseldorfer Verwaltung in der Broschüre in Abrede, betonte aber mein freies Recht, außerhalb des Amtes auch Maßnahmen des jetzigen Ministeriums[1] zu kritisiren. Der Präsident forderte mich
darauf auf, meine Verteidigung schriftlich zu formu-
liren. In der Verteidigungsschrift, die ich alsdann mit
Hilfe meines Vaters abfaßte und deren Konzept ich
noch besitze, schilderte ich wie vorstehend die Entste-
hungsweise der Broschüre und räumte unumwunden
ein, daß ich befreundeten Abgeordneten durch Mittei-
lung des mühsam von mir gesammelten Materials es
habe erleichtern wollen, „eine das Schankgewerbe betreffende freisinnige Gewerbeordnung zu entwerfen".
Mit einer frisch-fromm-fröhlichen Auffassung des
konstitutionellen Beamtenrechts heißt es in meiner
Verteidigungsschrift wörtlich wie folgt:

„Ob und wieweit nun die Darlegung meiner Pri-
vatansichten in dieser Beziehung einen Tadel [68] einzelner Minister oder einen Angriff auf das Verfahren
derselben enthält, braucht meines Erachtens hier nicht
erörtert zu werden, da die Disziplin den preußischen
Beamten nicht verbietet, eine dem regierenden Ministerium nicht zusagende Meinung öffentlich zu vertreten. Wollte man das Gegenteil behaupten, so müßte
man konsequent den Beamten überhaupt die Aus-

---

[1] *Im heutigen Sinne: der preußischen Regierung.*

übung politischer Rechte untersagen, da eine durch Disziplinarrücksichten bestimmte Geltendmachung derselben weder der herrschenden Partei zur Stärkung noch dem Staate zum Segen gereichen kann. Eine derartige Auffassung der politischen Pflichten des Beamtenstandes muß meines Erachtens zu einer Demoralisation desselben und zu Zuständen führen, wie sie die französische Präfektenregierung erzeugte. Daß solche Ansichten an maßgebender Stelle nicht geteilt werden, beweist übrigens die Vergangenheit der Minister, welche ihr Amt gerade der Freimütigkeit verdanken, mit der sie ihre Gesinnung trotz der amtlichen Abhängigkeit von einem gegnerischen Ministerium seiner Zeit geltend gemacht haben."

Ich bezog mich ferner darauf, daß der Präsident in einer Sitzung des Regierungskollegiums bei der Erörterung über ein von dem rheinischen Provinzial-Schulkollegium erlassenes Reskript selbst bemerkt hatte, daß den Elementar-[69]-schullehrern ebensowenig wie den Regierungsbeamten außerhalb des Amtes die Geltendmachung einer den Vorgesetzten nicht zusagenden Ansicht verwehrt werden könne.

Trotz dieser Verteidigung aber schloß die Angelegenheit für mich ab mit einem scharfen Verweis und einer Verwarnung zu den Personalakten. Den Wortlaut dieser Verfügung besitze ich nicht mehr.

Dieses war mein erster Streich. Doch der zweite folgt sogleich.

WEITERE BÜCHER ZUM THEMA
BEI LIBERA MEDIA

- **Eugen Richter:** Die preußische Gewerbesteuergesetzgebung
- **Eugen Richter:** Gegen die Zwangsinnungen
- **Eugen Richter:** Die Consumvereine
- **Eugen Richter:** Jugend-Erinnerungen
- **Eugen Richter:** Sozialdemokratische Zukunftsbilder
- **Karl Braun:** Für Gewerbefreiheit und Freizügigkeit durch ganz Deutschland

Siehe auf unserer Website auch den Schwerpunkt zum Thema Gewerbefreiheit:

http://libera-media.de